古代エジプトの性

リーセ・マニケ 著
酒井 傳六 訳

法政大学出版局

Lise Manniche
SEXUAL LIFE IN ANCIENT EGYPT

Japanese translation rights arranged
with Kegan Paul International Ltd.
through Japan UNI Agency, Inc., Tokyo.

目次

古代エジプト略年表

古王国時代		BC2686—2181（概略値）	
中王国時代		BC2133—1786	
新王国時代	第18王朝	BC1567—1320	
	第19王朝	BC1320—1200	ラムセス時代
	第20王朝	BC1200—1085	ラムセス時代
末期王朝時代		BC1085—332	
プトレマイオス王朝		BC332—31	
ローマ時代		BC31—AD395	

凡例

本訳書中で用いた括弧のうち、（　）および［　］は原著のものであり、〔　〕は訳者の註記である。なお、行間に（　）で括って付された数字は巻末の文献リストに対応している。

概説

古代世界におけるエロチックな生活に関して利用できる文献から判断すると、ギリシア人とローマ人は人間行動のこの面についての記述、とりわけ描写の領域で先駆者であるようにみえるであろう。ある点ではそのとおりであるかもしれない。しかし、他の民族もまたこの領域を準備したのであった。ナイルの岸で、一般に考えられているのと反対に、社会のあらゆる階層でエロチックな生活が開花し、それは言葉と絵によって記録されたのである。

古代エジプトに関するいかなる主題の証拠も、ほとんど常に断片的である。住民の私生活に関する情報はとくに貧弱である。このような遙かに遠い日々の生活に関して知られていることは、主として墓と神殿から採集されたのであり、それゆえに、大半は葬祭と宗教の性格をおびている。都市の居住址が残っていることはまれであるが、そこに暮した人びとの私生活の最も興味ふかい痕跡を与えてくれたのは、実際、これらの建物の集合体の残存物である。

キリスト紀元前の三千年ないしそれに近い年数のあいだにおけるエジプト人の性行動の絵を継ぎ合わせて一つにしようと試みるとき、「エロチックな」絵と像が幸いに数千年をこえて生きのびている場合、それらは結局はしばしば個人のコレクションあるいは博物館の接近不能の引出しの中に入っているという事実によって、われわれはいっそう邪魔されるのである。

資料は丸彫り、レリーフ、絵画による表現を、とくにエロチックな情景のスケッチを含んでいる。文章は神々と人間の情熱と欲望を生き生きと描いている。他界における生存への信仰は、エジプト人にとってたいへんに重要であり、それはその生存に先立つ生殖行為という具体的なコンセプトの中で強調された。同様に、男と女の結合は新生命の創造のために必要であったので、この根本的なエロチックな力もまた、この世を去った人間が他界に生きつづけることを可能とした。ミイラの性的な力は維持されなくてはならず、刺戟されなくてはならなかった。このことは、決して女にではなく、常に男に関係するものとして具体的に描かれた。エジプト芸術においては、観念は象徴的な方式で表現されているのであるが、記号化された言葉をひとたび理解すると、それはきわめて率直である。その記号化された言葉は、一般には個人の様相でしか捉えられない情景と主題を拡げることができる。

文学上の資料はかなり簡単である。神々の争いの物語と人間の冒険の物語、および簡明な言葉で書かれていながら多くの「二重語義」すなわち言葉の遊びをともなう愛の詩がそうである。知恵の書は仲間である人間に対して、とくに女性に対して、いかに振舞うべきかを助言している。一年の中のある日々には禁欲すべきことを、暦は示している。夢の書は男と女の意識下の冒険の解決法を示している。一方、魔法のきまり文句はすべてが現実となってあらわれるようにする。

これらの古代の文書を読み、エジプト人がどのようにしてエロチックな幻影を永続きさせるためにペンを紙の上に、あるいは鑿《のみ》を石の上に用いたかを知るとき、そしてエジプト人の心がいかに働いたかを理解しようと努めるとき、他の場合には格別に強く感じられるであろう時間と伝統のギャップを、われわれはほとんど意識しないのである。

性に対するエジプト人の態度

ギリシアの歴史家にして紀元前五世紀にエジプトに旅した人ヘロドトスは、世界に向って、当時のエジプト人について、また、あたうかぎりエジプト人の先祖について語ることによって理解し、このギャップをこえようと試みた最初の外国人であった。彼はこの奇妙な民族について広汎な情報を集めた。彼はほとんどあらゆる種類の情報にかかわりをもち、耳にしたことは何ごとでも伝達し、これを信ずるか否かは読者に任せた。その中のどれほどが実際に真実であったかと、今なおわれわれは不審に思っている。

エジプト人のさらに秘部のデータの中から、彼は次のような情報を得た。それは明らかに、彼自身が見たことと聞いたこととの混合であった。

小便を女は立ってし、男はしゃがんでする。一般に排便は屋内でするが、食事は戸外の路上でする。どうしてもせねばならぬことでも恥ずかしいことは秘かにする必要があるが、恥ずかしくないことは公然とすればよい、というのが彼らの言い分なのである。……他国民は――エジプト人の風習を学んだものは別であるが――陰部を生れついたままにして置くが、エジプト人は包皮を切り取る。男子は誰しも着物を二枚重ねて着用するが、女は一枚だけである。……いつも洗い立ての麻の着物をつけているが、

1　割礼．アンクマホルの墓．サッカラ．第6王朝初期

この点には特に気を使っている。陰部に割礼を施すのも清潔のためで、体裁よりも清潔を重んずるのである。祭司は三日に一度全身の毛を剃るが、これは神に奉仕する身として虱《しらみ》やほかの不潔なものが体に湧くのを防ぐためである。……彼らはまた、日に昼夜二回ずつ冷水浴をする。(II、35～37。訳文は松平千秋訳『歴史』岩波文庫から。以下、ヘロドトスの引用は右訳書に拠る)(1)

ここでは、ヘロドトスは、性的事項にわずかなりとも関係あることについて、何も言うことはなかった(あとでこれに言及する)。しかし、このことは、エロチックな活動は屋内で行われるものであり(そうでなければ彼はそれを目撃したはずであり、それについてのコメントを省略しなかったはずである)、それゆえにエジプト人からは「みっともない」ことでないにせよ少くともかなり私的なこととみなされていたからだ、と解してよい。

エジプト人は、ヘロドトスが観察したように、日常生活においても儀式の場合にも個人的清潔さを尊重した。性的事項が不浄であると考えられていたという問題について、彼はこう書き加えている。「聖域内では女と交わらぬこと、また女に触れたものは沐浴してからでなければ聖域に入らぬという戒律を定めたのも、エジプト人が最初である」（II、64）。女性との親密な関係が、聖域に入る者に要求される祭儀上の純潔条件にくらべてみると不浄であるとみなされていた、ということについてのこれは唯一の示唆である。これは古代エジプト人の現代の子孫がイスラムに献身するということと決して無縁ではない。ヘロドトスよりもはるか前に、神殿における性交はもっとも避けなければならないものと考えられていたのである。たいていの裕福なエジプト人が墓の中のミイラのそばに置くように心がけた死者の書の中には、犯したことがないといって誓うとみなされていた行為のリストがある。オシリスの王国に住むことを許されるためには、死者の良心は、死者をして立たせ、次の宣言をすることを許さなくてはならない。「私は、わが市神の聖域で姦通をしたことはありません」（ヌウのパピルス、一二五章の序一二節）[2]。

女性の中のある者は神の前で果す特別な役割をもっていて、攻撃的な性行動が奨励までされた。なぜなら、彼女らは神の生殖力を刺戟しなければならなかったからである。紀元前六〇‐五七年にエジプトを訪ねた歴史家ディオドルスは、神聖牡牛アピスの葬儀がおわって、新しい牡牛が就任しようとするとき何がおきたかを叙べている。

……金張りの室をそなえた国家の船の上にそれを置き、彼らはそれを神としてメンフィスのヘファエストスの聖所に運んだ。……四十日のあいだ、女性だけがそれを見てよい。彼女らはそれに面して立ち、着衣をたくしあげて陰部を示した。しかし、それからあとは神の前にあらわれることを永久に禁じられた。(I、85)[3]

ヘロドトスによれば、同様の露出が猫女神のバステトの祭のあいだ行われた。

ブバスティスの町に「アルテミスすなわちバステトに礼拝するために」参集する時の模様はこうである。男女一緒に船で出かけるのであるが、どの艀《はしけ》も男女多数が乗り組む。カスタネットを手にもって鳴らす女がいるかと思えば、男の中には船旅の間中笛を吹いているものもある。残りの男女は歌をうたい手を叩いて拍子をとる。船がどこかの町を通る時には、船を岸に近付けて次のようなことをする。女たちの一部の者が右にいったようなことをしている一方、ほかの女たちは大声でその町の女たちに呼びかけてひやかし、踊るものもあれば、立ち上って着物をたくしあげる者もある。岸沿

2
おのれの秘部を示す男のテラコッタ製小彫像．大英博物館提供

いの町を通過するごとにこんなことをするのである。さていよいよブバスティスの町に着くと、盛大に生贄《いけにえ》を捧げて祭を祝い、この祭で消費する葡萄酒の量は、一年の残りの期間に使う全消費量を上廻るのである。(II、60)

女性のこの攻撃的な性行動はギリシア・ローマ時代の多くのテラコッタに反映しているが、これはたぶん、あとでわれわれが見るように、男性が他人に対して優越性を得るために男らしさを行使する場合の女性版なのである。

神の身体的要求のコンセプトの別の様相は、男根形祈願用品を献納することにある。それは結局は祈願者本人に益をもたらすはずのものであった。エジプト人は男根形の物を、あるいは矮人《こびと》の神ベスの小彫像を大量に、愛の女神ハトホルの神殿に納めた。ヘロドトスはディオニュソスの祭のさいに起きたことをこう叙べている。

エジプトのディオニュソス祭はギリシアとほとんど全く同様に行なわれるが、ただギリシアのような歌舞の催し物はない。エジプト人は男根像《パロス》の代りに別のものを考案し

3　行列で運ばれる男根像．サッカラ．エジプト調査協会（ＥＥＳ）提供

ているが、これは長さ一ペキュスほどの糸で操る像で、これを女たちがかついで部落を廻るのであるが、胴体と余り変らぬほどの長さの男根が動く仕掛になっている。そして笛を先頭に、女たちはディオニュソスの讃歌を歌いつつその後に従うのである。像がそのように異常な大きさの男根を具え、また体のその部分だけが動く由来については、聖説話が伝えられている。(II、48)

ヘロドトスが言及している伝説はたぶんイシスとオシリスの伝説である。かつてオシリスは生者の王であったが、弟セトが彼を殺し、遺体をいくつにも切断してエジプト全土にばらまいた。オシリスの妻、イシスは忍耐でよくそれらを集めた。しかし

イシスの発見できなかったオシリスの唯一の部分はオシリスの男根であった。なぜなら、彼が河に投げこまれるや否や、それは Lepidotus と phargus と魚 oxyrrhyncus に呑みこまれたからである。……男根の代りにイシスは模造品を作り、男根を聖物とした。エジプト人は男根のために今日まで祭りをしている。(4)

よく知られた伝承のこの形は紀元後一二〇年ごろプルタルコスによって書かれた。別の伝承によれば、失われた部分は結局は発見されたという。エジプト人は男根をそれ自体として崇拝したことは一度もない。とくにギリシア・ローマ時代に多数の小彫像が存在するのは、明らかにこの伝承に鼓吹されたせいである。

売春

中東の各地に、ギリシアに、インドに、神々と人間の快楽のために意図された特別の制度があった。神殿における売春である。これがエジプトでどの程度まで実施されていたかを正確にいうのはむずかしい。神殿にはさまざまな階級の女性祭司がいて、その中のあるものは「神の妻」という称号さえ持ち、また創造神話の一つに関連して「神の手」という称号さえ持っていた。これは、彼女らが神々と、あるいは神々の代りである祭司と性交渉をもったことを必ずしも意味しない。ヘロドトスは明瞭にこう叙べている。

4　ネフェルホテプの墓（49号墓）の壁画．テーベ．第18王朝

「テバイのゼウス」の神殿［アメンの神殿］に女がひとり寝るのであるが、……この女は人間の男とは決して関係をもたないといわれている。（I、182）

地理学者ストラボンがそれからほぼ五百年あとの紀元前二五年にエジプトを訪ねたとき、習慣は変っていたにちがいない。なぜなら、彼は別の情報を知らされたからである。

ゼウス［アメン］に対して、彼らは、最も著名な家の最も美しい娘の一人を捧げた……。彼女は売春婦となり、彼女の望むいかなる者とも交りをもった。それは、

5
デイル・エル・メディナ出土のオストラコン．カイロのフランス・オリエント考古学研究所3650．新王国時代

6　デイル・エル・メディナの家から出土した壁画．第19王朝

彼女の体の浄め［月経］のときまでつづいた。浄めののち、彼女は一人の男に結婚のために渡された。しかし、結婚より前に、そして売春婦としての期間の後に、彼女のために哀悼の儀式が行われた。（XVII、1の46）[5]

アメン神は、その表現の一つにおいて、勃起した男根をそなえて描かれており、彼は自分自身のハレムを所有していたと伝えられた。しかし、彼の女性の中のだれかが彼と象徴的な関係しかもたなかったか否かは、未決定の問題である。

非宗教的次元で、もっとはっきりした売春の証拠がある。文学上の資料は、金のために所有されることのあった女性について語っている。考古学上の証

7
デイル・エル・メディナ出土のオストラコン．カイロのフランス・オリエント考古学研究所3000．新王国時代

拠も同じ結論を指し示している。たとえば、デイル・エル・メディナの職人村から出た多くの資料は、妻でもなく母でもなく、「他人」に属していた女性について語っている。紀元前二〇〇〇年紀末に、男性に関するかぎりでは、村の住民は石工、図工および山の別の側の王家の谷で墓を飾った画工で構成されていた。彼らは谷で十日ごとに交替した。この出入りする絶えざる人の流れは、村の道徳に影響を及ぼしたにちがいない。法律テキストの断片は姦通と堕胎について叙べており、墓地の一区画全体は女性だけに、あるいは子連れの女性だけに当てられたようにみえる。妻と母は男と一緒に家族の墓に埋葬された。

村の職人たちは丘の裾にたくさんある石灰岩の断片にスケッチを描くことを好んだ。彼らはこれらを「はぎ取り式帳面」として用い、寓話と物語の絵を、あるいは墓に描くべき情景の図を、あるいはまた、たぶん何がしかの希望的観測を含めて日常生活からのエピソードを描いた。そのエピソードには、重い鬘《かつら》を付け、リュートの上に腰をおろし、ほとんど身に衣類をまとっていない女性歌手があり、あるいは、寝室における懇《ねんご》ろな場面、または村の自由な態度から直接に生ずる結果であったにちがいない状況における懇ろな場面の貴婦人があり、産室で、よちよち歩きの子供、産婆、他の女性をまわりに置いた貴婦人があった。移動して演ずる楽師と曲芸師もまた描かれた。これは股《もも》に施した入墨のせいで容易に識別できる。入墨には、しばしば、女性の私生活に関するすべてのことを守る者、ベスがあらわれていた。たぶん、入墨は、古代において知られていた淋疾のような性病に対抗する保護として用いられた。梅毒は淋疾とは別のものであって、古代においては知られていなかった。

中エジプトのアビドスには、ラムセス時代の女性と子供のための別の墓地があった。女性は神の女性歌手であって、彼女らの中のただ一人が夫と一緒に埋葬されている。古代いらい、アビドスは国のあらゆる地方から巡礼の来る崇拝センターであった。異邦人の流入するところでは、どこでも、この特殊な制度は出現しがちである。デイル・エル・メディナとアビドスの墓地の存在がその例証である。

紀元前二〇〇年のころ、息子ホルスと一緒に航行するイシスに関する物語が語られた。ある時点で彼女は夜を過すための場所が必要となり、一軒の家の戸を叩いた。それは、当時の快楽の家の一つでしかありえない家だった。

やっと、私は売春婦（prostitute）の家に着きました。遠くから私を認めるや否や、女主人（Lady）は私に対して戸を閉めました。これは私の同伴者［七匹の蠍《さそり》］を当惑させました。彼らは相談し、テフネト［彼らの中の一匹］の糸にみんなの毒を塗りました。一人の売春婦（harlot）が私のために彼女の戸を開けました。私たちはみすぼらしい住居の中に入りました。しかし、テフネトは戸の下を這い、女主人の息子を刺しました。家の中に火事がおこりました。しかし、それを消すべき水がありませんでした。雨の季節ではなかったのですが、天は雨を女主人の家の中に注ぎこみました。彼女は、私のために戸を開

8
デイル・エル・メディナ出土のオストラコン．カイロのフランス・オリエント考古学研究所3779．第19王朝

かなかったために苦しめられ、息子がどうなったかも分りませんでした。彼女は町を歩きまわって叫びましたが、だれも彼女の叫びに注意を払いませんでした。

（ベアーグ台石、呪文I(6)）

結局、イシスは魔法によって女主人の息子を直した。このテキストの解釈はここで〈Lady〉〈prostitute〉〈harlot〉と訳した単語をいかに翻訳するかに完全に依存する。後者の二単語は、他の場所にもあらわれているが、その状況はほぼ右の翻訳が妥当であることを示している。

ヘロドトスは、おのれの自由意志で、ある

9
オストラコン．東ベルリンのエジプト博物館23676．第19王朝

いはそれに近い状況で身体を売る女性についての、いくつかのエピソードを聞かされた。

王〔ランプシニトス〕は自分の娘を娼家に送り、どんな男でも差別せずに客にとり、体を許す前に必ずどの客にも、これまでしてきたことの中で、一番巧妙でしかも一番非道なことは何であったかを話させよ、とあらかじめ言い含めておいた。(II、121)

王にとって、その目的はある盗人を見つけ出すことにあった。

王クフ(ケオプス)はおのれのためにエジプトで最大のピラミッドを築き、同様な悪評をヘロドトスの情報提供者のあいだに得ていた。

ケオプスの悪業は限りを知らず、果ては金に窮して己れの娘を娼家に出し、なにがしかの金子——その額は祭司たちもいわなかった——の調達を命ずることまで敢えてしたという。娘は父に命ぜられた額の金を調達したが、娘は自分のためにも何か記念になるものを後世に残したいと考え、自分の許へ登楼してくる客の一人一人に、自分のために工事用の石を一個ずつ寄進してくれと頼んだということ。祭司たちの話では、大ピラミッドの前面にある三基のピラミッドの中央のものは、こうした石で造られたものであるという。このピラミッドの各辺の長さは一プレトロン半［一五〇フィート］ある。（II、126）

内妻と姦通

売春は、エロチックな行動の定着した一面であるが、それはエジプト人自身にとっては何か非難すべきものであった。とくに、既婚者が関係する場合にそうだった。既婚の女性が姦通を犯した場合、彼女はおのれの命を失うことになったかもしれない。あるいは、ギリシア・ローマ時代には、離婚して立ち去るということになったかもしれない。

10　個人コレクションのオストラコン．カイマー・フォト提供

それにもかかわらず、実際の事実としてではないとしても、少くとも反対のことを誓うという形で、姦通がおきたことを示す文学上の資料は多い。アメンエムハトという名の一人の男は、非の打ちどころのない行状について語る碑板を作らせた。とりわけ彼はこう述べている。「私は祭司でありました。父がまだ存命であったころ、私は父の傍らにつきそう『老人の杖』でありました……。私は奴隷女が父の家にいたことを知りませんでした。私は父の未婚の召使女を誘惑したことはありません(7)」。

さらに、別の男は別れた妻にあてた手紙の中でこう書いている。

あなたの主人として為したことに関していえば、私はあなたに苦痛を与えたことはありません。別の家に行く農夫のようにあなたを欺す私を、あなたは一度たりと見たことはありません。……御覧なさい。私は別の家には行かず、私自身の家で三年間を過しました。そうするように強いられるというのは、決して好都合ではないにもかかわらず、です。しかし、御覧なさい。私はあなたのためにそのようにしたのです。御覧なさい。家の中の女性たちについてはどうかといえば、私は彼女らと交渉をもったこ

とはありません。(ライデン・パピルス37、1の18〜20、35〜37、38[8])

「別の家に行く」ということは、たぶん、かなり確定したエロチックな意味をもっていた。

未婚のときに女性の愛人をもつことは、別の問題であり、明らかにまったく適法のことであった。紀元前二〇〇〇年ごろ、ヘカナクテという名の一人の男は、仕事で家から遠く離れているとき、家族に次のような手紙を書いている。

私はあなたがたに言いました。「整髪係にせよ、家事用の召使い(?)にせよ、ヘテペトの仲間をヘテペトから引き離してはいけない」と。彼女を大事にしなさい。そうすればあなたがたは万事うまくゆきます。さて、もしあなたがたが彼女を望まないなら、そのときはイウテンヘブを私のところによこさなくてはいけません。この男は私のために生きているのですから。イプのことをお話しします。彼は私の内妻[ヘテペト]の身体(?)に何をするか分ったものではありません。彼は私に反感をもっており、私は彼に反感をもっています。ご覧なさい！　私が彼女のために為したようなことをだれが為すでしょうか。まったくのはなし、妻のことが夫に向って非難されたなら、あなたがたのうちのだれが我慢していられましょうか。そのような時に、私に我慢せよということになりましょうか！　同じ家の中で、どうして私があなたがたと一緒に暮すことができましょうか。できませんとも！　あなたがたは私のために（私の）内妻を尊重することはないでしょうから。（II、38〜44）(9)

内妻は正妻と同じ地位を持つべきである、というのである。これは、規範に対して例外であったかもしれない。他方、規範としてテキストに宣言をされていることに反して、既婚男性が、たとえ正妻が子を生むことができた場合であっても、内妻を持つことができたということを示唆する考古学上の証拠がある。今日のベニ・ハサン村に近い中エジプトのある州の知事——彼は大ざっぱにいってヘカナクテと同時代の人であった——は内妻を持ったようにみえる。この内妻は家庭で財政担当者となり、結局は、たぶん最初の妻が死んだあとで知事と結婚した。彼女がまだ内妻であったころ、彼女は彼のために二人の息子と一人の娘を生んだ。
もう一人の愛人は、捨てられて、他の女性と取り代えられたことを嘆いている。

斜視の女が一人の男の家に二十年のあいだ暮しました。すると、男は別の女を見付けて彼女に言いました。「お前を離縁する。お前は斜視だからな！」そこで彼女は答えて言いました。「私があんたの家に暮したということを二十年のあいだあんたが気付かなかったというなら、私はあんたを馬鹿にしますよ！」（フランス国立図書館パピルス198(10)）

11　エル・アマルナ出土のオストラコン，第18王朝

「別の者を見付ける」というのは、正式に結婚しなかった恋人のあいだで使われる表現であった。ギリシア・ローマ時代には、それは姦通を指す法律上の用語となった。
夫に貞淑な女性を見付けることがいかにむずかしいかを、ヘロドトスは聞いている。

彼「セソストリスの子」はこうして十年間盲目のままであったが、十一年目にブトの町から託宣が届き、彼の処罰の期間が過ぎたこと、夫だけにしか接したことがなく他の男を知らぬ女の尿で眼を洗えば、再び明をとり戻すであろうことを告げたのである。そこで王はまず自分の妃を試みたが、一向目が見えるようにならぬので、次々と多くの女について試みていった。さて遂に目が見えるようになった彼は、これまで試みてきた女たちをことごとく――ただし視力を恢復するに効のあった尿をとった女だけは除き――今日「赤土（エリュトラ・ボーロス）」と呼ばれている町へ集め、女たち全部を町ごと焼き殺したという。そしてその尿で洗眼して視力を恢復した例の女を、自分の妃に入れたのである。（II、111）

同性愛

理論的には、性行動におけるいくつかの変化はエジプト人に無縁ではなかった。しかし、実際にどのようなことが起ったかについては、資料は慎重である。同性愛に関する面でいえば、それが快楽のために行われたことを示唆する例はほんの僅かしかない。別の男を犯すことは侵略行為であり、相手に対して優位な力を得るための手段であった。死者の書の一行は、この行為を同性愛を犯したものとしてではなく徳として語り、もろもろの都市で有効であった禁止事項のリストも同じことを示唆している。知恵文書の中の一つは、もっと多くをこの点で論じていて、同じ態度を暗示している。絵図の証拠は曖昧である。親密な場面の中の二人を示すスケッチのいくつかでは、参加者の性を識別するのがむずかしい。他の場合では両性具有の傾向が明瞭である神セトが、ある物語の中で、男の服装をした一種のアマゾン、女神アナトに飛びかかるのを述べていて、このことについての暗示をしている。

女性間の同性愛についてはさらにもっと断片的にしか資料となっていない。一人の女性のために書かれた死者の書で、彼女はこう言っている。[11]「わが市神の聖所で、私はいかなる女性とも交わりを持ったことはありません」。しかし、このテキストは疑いもなく「男性用」テキストから写したものであって、明らかな誤りが訂正されなかった。それにもかかわらず、可能性は、ある人びとの心の中に入った。というのは、女性のためのある夢の書の中で、次のように述べられているからである。「ある女が彼女と交わりをもったという夢を彼女が見るなら、彼女には悪い結末が来るであろう」（カールスバーグ・パピルスXIII、b2の33）[12]

レスビアンとして明確に非難されることがなかったので、女性は他の女性から接してもらうことを楽しんだ、ということは明らかである。母が十代の娘に接吻している様が絵に示され、あるいは宴席で貴婦人たちは互いに抱きあい、互いにエロチックなシンボルを示している。

アマルナ時代と呼ばれるエジプト史の一時代に、両性間の差はほとんど抹消されたようにみえる。上流階級の男女は王夫妻にならい、同じゆったりした衣服をまとった。それは非常にうすくて透明であったので、着衣の下の理想的な姿は、事実上、男も女も同じで

12　テーベの墓の壁画．大英博物館37981．第18王朝．同館提供

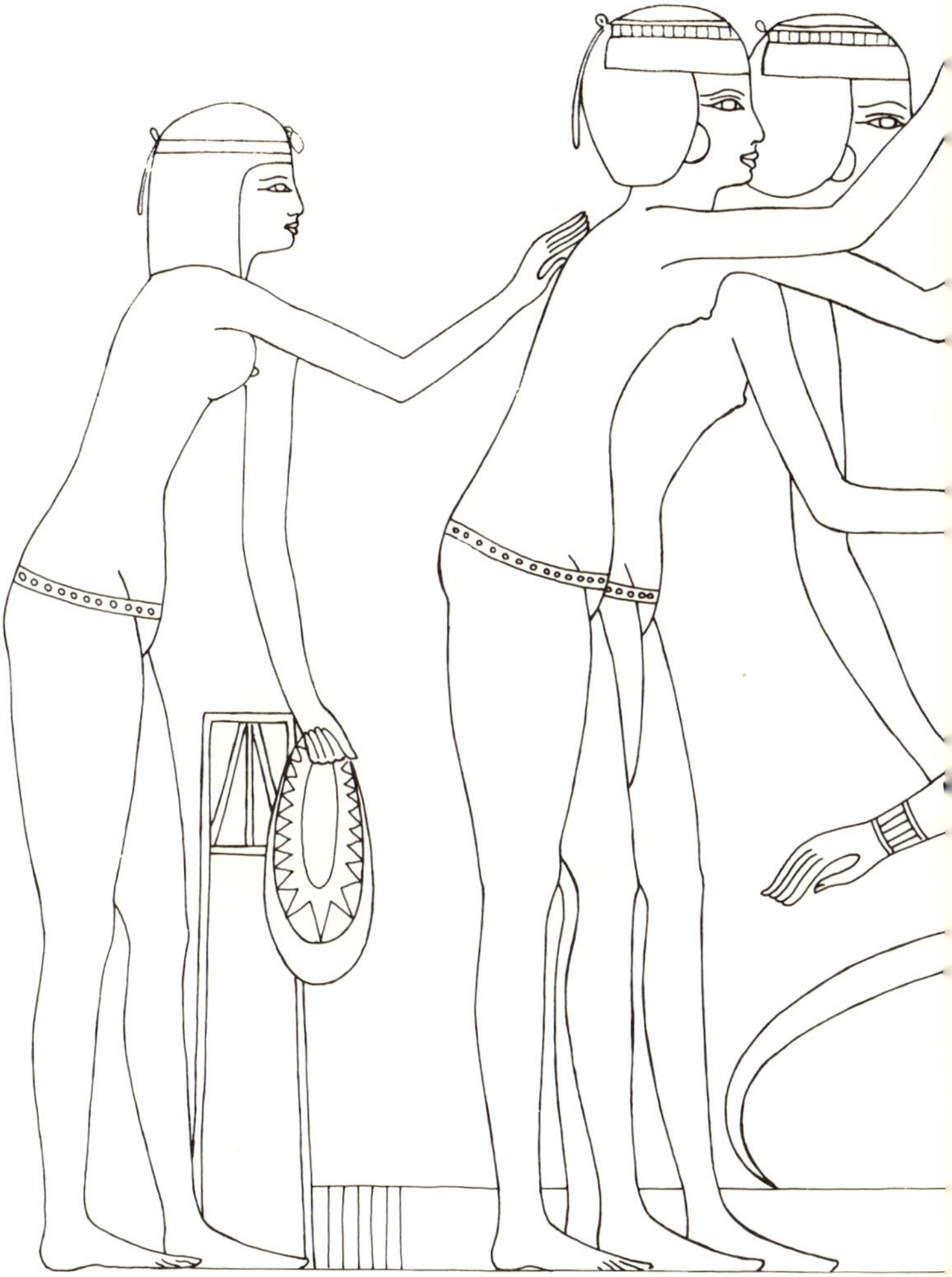

13　プタハメヘトの墓（77号墓）の壁画．テーベ（プリス・ダヴェーヌの画による）．第18王朝

14　エル・アマルナ出土のレリーフ．ニューヨークのブルックリン博物館60.197.8．第18王朝

15
ホルエンヘブの墓（78号墓）の壁画．テーベ（ヘイ文書29823,10）．第18王朝

16　エル・アマルナ出土の碑板．東ベルリンのエジプト博物館17813．第18王朝

あった。それは女性の姿に適応させた男性の姿なのである。王アケナテンは、妻ネフェルティティの姿で、すなわち小さく締まった胸、狭いウェスト、重たく丸いヒップと股をもつ姿で自らを表現している。ネフェルティティは時として王冠をかぶっているので、二人の違いを見分けるのはしばしばむずかしい。これらの聖像画的特徴のうしろに、たぶん明確に体系付けられた思想があった。たぶん、王は自らを、その創造的人格の中に統合された男女の根源とみなしていたのである。

動物との性交

エジプトにおいて人間と動物とのあいだに性関係があることに、ヘロドトスはショックを受けた。「私の時代に入ってからのことであるが、この地区で誠に奇怪なことが起った。牡山羊が衆人環視の中で人間の女と交わったのである。このことは大層な評判となった」(II、46)。問題の地区は、牡山羊が神聖とされたメンデスであった。ヘロドトスが目撃したものは、たぶん祭儀上の行為であった。それは、牡牛アピスの精力が秘部をアピスにみせる女性によって強められるのと同じであった。

夢の書には、さまざまな人間と動物との組合せがみられ、実際の事実でなかったにせよ、エジプト人のエロチックな想像の中にこのような関係が存在したことを示している。男は跳び鼠、燕、豚と交接することができ、他方、女は二十日鼠、馬、驢馬、山羊、狼、ライオン、鰐、蛇、猿、朱鷺《とき》、あるいは隼《はやぶさ》のどれを選んでもよかった。ほとんどの場合、夢は悪い運命の兆しであった。

一人のエジプト人が他の一人に向って誓うとき、彼は、女としては容認できない関係を反映する表現を用いてよかった。(13)「驢馬があんたの妻子と交接しますように！」これは頻繁に用いられ、長くつづいた誓いのことばであったにちがいない。というのは、この状況を正確に写したファイアンス製の小彫像を作る発想を、これが促したかもしれないからである。付随的に、驢馬は、攻撃的な性行動によって特に目立っている神セトに結び付けられた。

屍姦

死体をミイラにしたエジプト人の習慣から生じたいくつかの噂話があった。ミイラ製作者は最も美しい女性の肉体を犯した、と伝えられたのである。またしても、ヘロドトスはよい情報を得ていた。

名士の夫人が死亡した時は、すぐにはミイラ調製には出さない。特に美貌の女性や著名な婦人の場合も同様である。死後三日目または四日目にようやくミイラ職人の手に渡すのである。このようなことをするのは、ミイラ職人がこれらの女性を犯すのを防ぐためで、現にある職人が死亡したばかりの女性の遺体を犯している現場を、同業者の密告によっておさえられたという話がある。（II、89）

もう一人の古典作家、エフェソスのクセノフォンは、男はミイラとした妻の遺体をおのれの寝台の下に保存したと述べている。ただし、男がなぜそうしたかは未解決の問題である。ミイラの残存物は、ミイラとされる前に遺体が暫くのあいだ放置されたことを示している。というのは、遺体は部分的に崩れているからである。しかし、それはさきにあげた理由のためではないかもしれない。エジプトのミイラ職人は、肉体に対して、現代の相似職人とはむしろ違う態度を持っていたかもしれない。というのは、死者は、死者の王オシリスがしたように、おのれの性的能力を保持し、死後に後継者をつくる力さえもっていた、と一般に信じられていたからである。死者の性的能力は無視することのできない重要な要素であった。それは、鳥の形を採って、生者の国に帰り、かなりの害を働くことができるのであった。

近親相姦

ギリシア人の血統の、紀元前の最後の三世紀の王家は近親者間の結婚について多くの例を示した。その理由によって、エジプトは近親相姦のほとんど発祥の地であるとの評判を得た。このことは、「姉妹」と「兄弟」という単語が愛人間と既婚者間で用いられたとする初期のエジプト学者の非常に文学的な解釈によって証拠だてられた。

ファラオのエジプトにおいては、近親相姦は通例だったのではなく、例外だった。しかし、王家の中では特別な状況もあった。正統性という理由のために、ファラオは異父(母)姉妹と、あるいはたぶんラムセス二世のように、自分の娘の一人と結婚したかもしれない。アメンホテプ三世は、これまた、おのれの娘の一人と関係をもったかもしれない。証拠の解釈次第では、このことはアケナテンの場合にもあったかもしれない。古王国時代の王スネフルはおのれ自身の娘によって子孫を得たかもしれない。またヘロドトスは、王メンカウラがおのれの娘に対して同じ計画をもったことを聞いている。

庶民にあっては、近親婚は決して普通ではなかった(もちろん、記録されない近親相姦は知られないままである)。調査可能と分った多くの性関係の中で、近親相姦であると言いうるものはただ一例だけである。二例は「ほとんど確か」であり、別の二例は「ありそうにないが可能性はある」。いずれの場合も、異母(父)姉妹または異母(父)兄弟の問題であった。それゆえ、利用しうる材料を基礎とすれば、近親相姦は古代エジプトにおいては庶民のあいだで普通のことだったと示唆するものは何もない、と確認することができる。

一夫多妻

一夫多妻が流行したことは一度もないようにみえる。一人の男が数人の妻を持っていることが分っているとき、彼が同時に彼女たちを持っていたことを示唆するものは通常は何一つない。姦通は一般に非難されていたので、一夫多妻が一般的な習慣になっていたことを示すものはほとんどない。王家においては、事情は異っていた。なぜなら、結婚は政治的理由のために外国の王女とのあいだにまとめられたからだ。一夫多妻はアメンホテプ三世の治世に特に普通のことであったようにみえ、幾人もの外国の王女がエジプトの王宮に来ている。彼女らの中のあるものは印象的な埋葬所を持った。というのは、かつて彼女らの内臓をおさめていた壺が王妃の谷の隣接地で発見されたからだ。これらの婦人の非常に示唆に富む次のような名前は、かつて彼女らが果した役割を暗示している。「輝けるアテンの都市における多くの夜の彼女」、「輝けるアテンの神殿において栄光の中にあらわれる彼女」、「輝けるアテンのために怒りを持って打つ彼女」。

性生活における他の諸相

最も異様な性活動の一つの存在が、ただ一つの資料によって示唆されている。紀元前一五〇〇年ごろの、革の壁掛け（？）の小さな断片がそれである。それは、ハープを奏する一人の少女と、音楽に合わせて非現実的な男根をうしろに向けている一人の裸の男を描いている。彼は左手に何やら枝分れした鞭に似たものを持っている。他にも女たちが瓢簞《ひょうたん》のかげにいる。というのは、右端に一本の足と一個の足首飾りが見えるからである。この革の掛けものは、愛の女神ハトホルが聖堂を持っていた上エジプトのデイル・エル・バハリで発見された。不幸にも、

17　デイル・エル・バハリ出土の革の掛けもの．ニューヨークのメトロポリタン美術館31．3．98．第18王朝

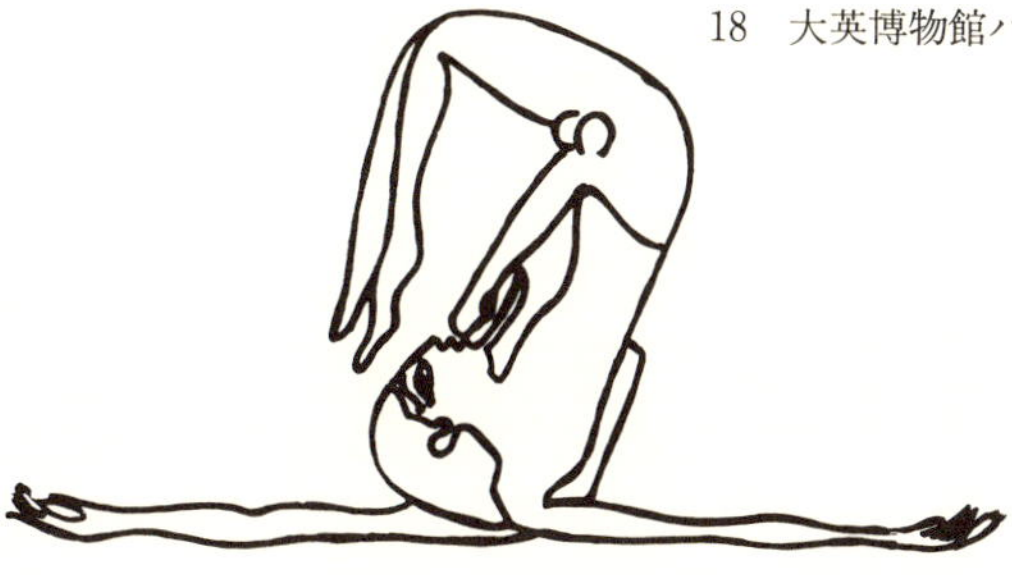

18　大英博物館パピルス10,018

この情景を無削除の状態で見ることはもはや不可能である。今世紀のはじめに、余りに露出的な男根が削られ、ただ一枚の古い写真だけが情景の意味を解く鍵となっているのである。

創造伝承の一つに、創造神が他の神々をいかにして創り出したか、すなわち、手淫によってであることが叙べられている。別のパピルスには、この話の変形が描かれている。すなわち、神々は手の代りに口を用いているのである。このテクニックが人間のあいだで用いられたか否かは、未解決の問題である。

言葉と図像のエロチックな表現

あとにつづくページで、エジプト人は神々と人間の物語を通じて、また詩と知恵の書を通じて、語ることになる。用いられた言葉は、資料テキストごとに大いに違っている。一部の理由は、文学のジャンルが違っているということにあり、別の一部の理由はテキストが二千年という期間にわたるということにある。

神話物語と事実に関する書物では、直截的な言葉が使われている。エジプト人は言わんとするところを正確にいう。他方、愛の詩にあっては、またある程度、人間に関する文学上のテキストにあっては、言葉の遊びと「二重語義」が使われている。ただし、疑いもなく、それらの多くは現代の読者と翻訳者に対して失われている。

エジプト人は常に丁寧に話したわけではない。彼らの呪いのことばのいくつかは、性的事項に発想している。とはいえ、疑いもなく、理念的には人は品のあることばを使わねばならなかった。「あなたの口は私通をしない」あるいは「あなたは姦通に関する話を差控えた」というのが、ラムセス時代、紀元前一〇〇〇年ごろのパピルス（ランシング・パピルス14の8）[14]で推賞されている。しかし、それより一千年前の古王国時代においては、船の中で一人の男が別の男と争っているとき次のように叫んでいる。「さあ来い、お前、私通の男よ！」[15]（ティイの墓）。この挑戦のことばを、ある意味で公的記念物たる墓の壁に刻むことは、不作法なこととは明らかにみなされなかった。

19　センウスレトの「白い礼拝堂」のミン神のヒエログリフ．カルナク．第12王朝

女性の秘部を指す言葉は非難の意味で用いられた。だれかに対して汚い策略を使った女は、 kat tahut カト・タフトと呼ばれた。カトは外陰を意味し、タフトはたぶん売春婦を意味した。ラムセス二世は言いなりになる臆病者を描写するのに似たような表現を用いた。

……また戦闘もなく容易に町々を占領できた国には、勇敢に戦った民族の場合と同様の事項を記念柱に刻んだ上、さらに女陰の形を彫り込ませたのである。それによってこの国の住民の怯懦であったことを示そうとしたのである。(ヘロドトスII、102)

カトという単語が解剖学上の記述として、あるいは非難の意味で用いられたのに対し、「抱擁」を意味する 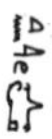 keniw ケニウは、より詩的な文脈の中で女性の同一部を指すために用いられた。愛の詩において、著者は「彼女は抱擁の色を私に示した」と言うが、この時の「色」という単語はエロチックな意味を言外に示しているようである。別の詩は「彼女の四肢のすべての色を見る」と記している。牧場で一人の女神を見た牧人の話の中で、彼は非常に「なめらかな」彼女の「色」に誘惑されている。

性的な意味をもつことを全体として示す場合は、多くの方法で描かれた。(16) 詩的には「楽しい時を共に過すこと」と呼ばれた。結婚の絆《きずな》の外で出合いが行われるときは、「家に入ること」と言いかえられたかもしれない。しかし、行為を一語で表現することが求められるときは、二十語ほどがあってその中の一つを選べばよかった。法律資料、知恵の書、暦、および夢の書に抜きん出た頻度であらわれるのは nek ネクであって、その語根は現代のアラビア語に生き残っている。文学上のテキストでは、もっと中間的な「知る」が用いられた。違う表現は、現代の語感では「――と一緒に寝る」「――と一緒に楽しむ」、「――と結び付く」というもののほか、われわれがもっと美しいヒントを知るまでは「交わりを持つ」あるいはそれに近いものとして単純に翻訳しておかねばならない一連の用語であった。

エジプト人はまた、行為のクライマックスを描写する単語を持っていた。「射精する」は男におきることを描写する単純な方法であって、図像的にはヒエログリフで示された。しかし、他の表現のための決定詞として末尾に繰り返されたものから判断すると、

「交わりを持つ」と翻訳される語のいくつかは行為の同じ段階を描写するということはきわめてありそうなことである。女性のオルガスムスが知られていたかどうかを疑問の余地なく証明するのは不可能であるが、いくつかの行文はこの意味に解しうるかもしれない。知恵文書の一つに、六十歳をこえて以前のように飲み食いができなくなったとき、そして「あなたが女を求め、女が楽しくならない」ように

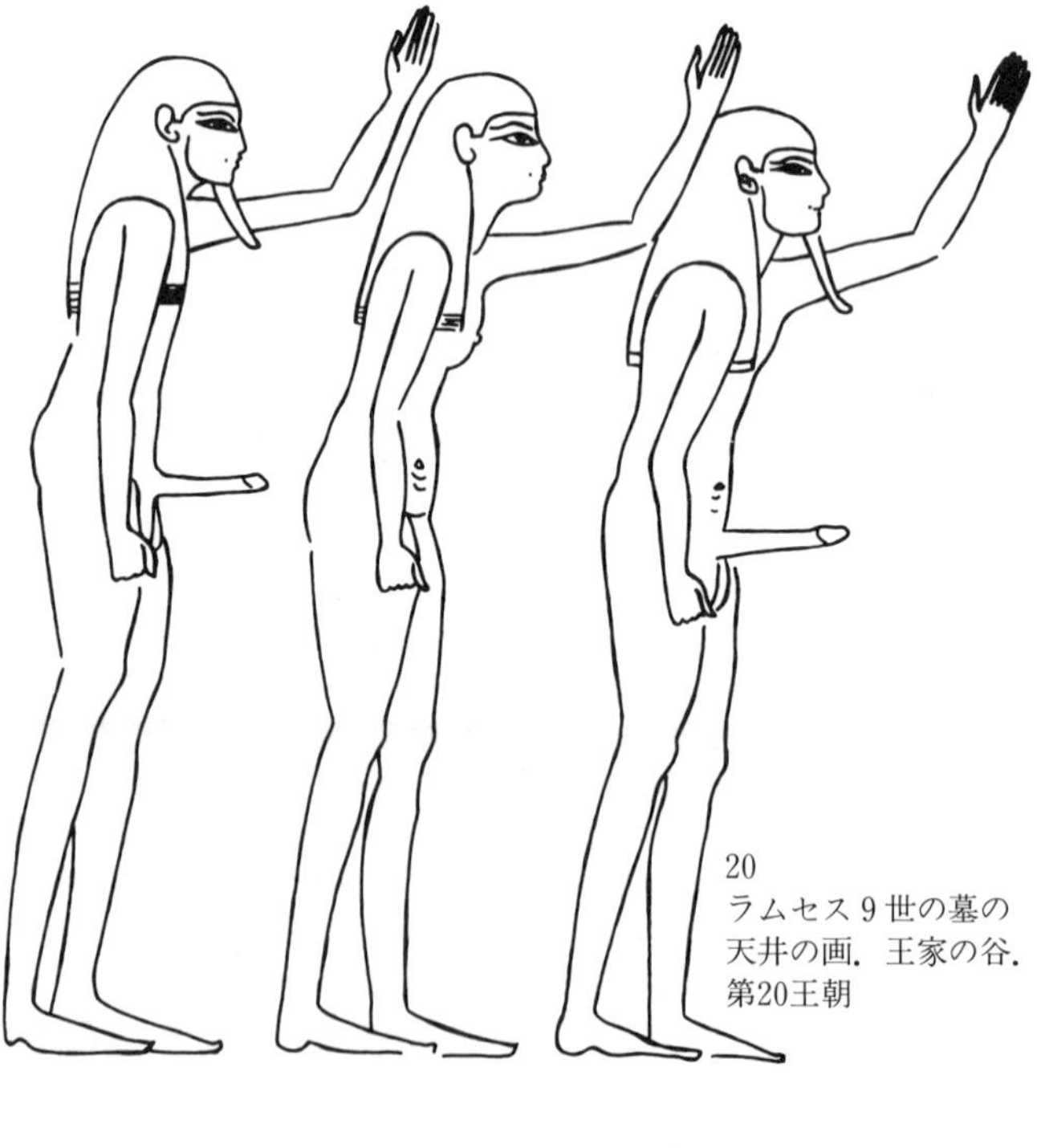

20
ラムセス9世の墓の天井の画．王家の谷．第20王朝

なったとき、いかにして生命を維持するかが説明されている。神アメンと美しいエジプト王妃との結合を描写する別のテキストでは、王妃はクライマックスで叫んだようにみえる。

エジプト人が愛の言葉を絵画的に表現したのと同じように、図像芸術の中に一種の記号言語が存在した。ある図像は説明を要しないかもしれない。しかし、これは「非公式」の芸術にのみあてはまる。

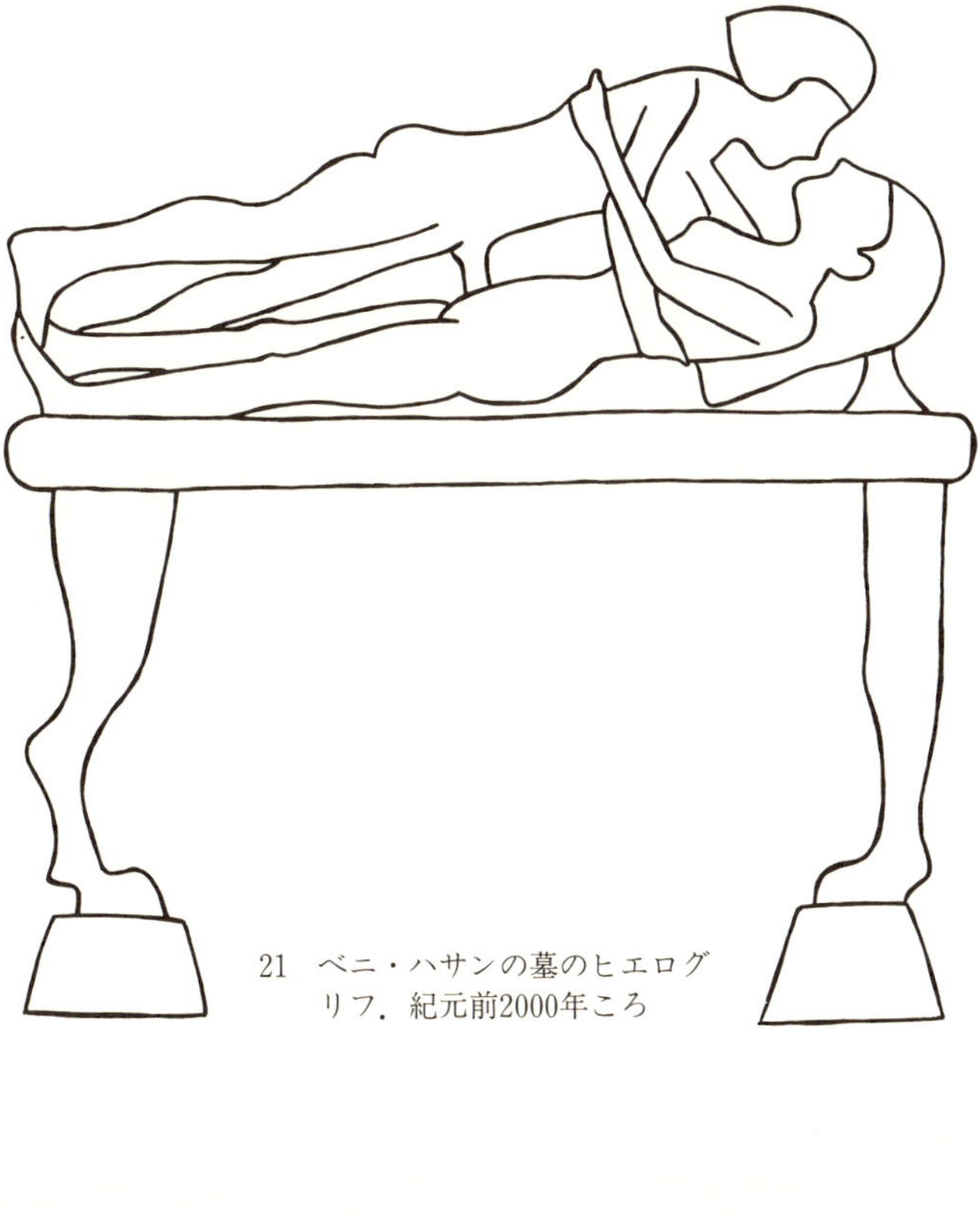

21　ベニ・ハサンの墓のヒエログリフ．紀元前2000年ころ

たとえば、今日のものと共通性を多く持っているスケッチと落書がそれである。墓と神殿の壁にある他の表現は、祭儀的あるいは魔術的な意味を含んでいる。たとえば、神ミンはレリーフと彫像で男根を讃えて描かれている。これは決して淫らなものとはみなされなかった。神の持つ一目瞭然な属性は聖像画《イコノグラフィー》の本質的な部分なのであった。他のすべてのものはさておいて、エジプト人は男根を描くのに慣れていた。それは、男根がエロチックな事柄とは全く無縁の単語の音を出すために頻繁に使われたヒエログリフであった、という単純な理由によってであった。

エジプト芸術においては、エロチックな情景をエロチックな情景そのものとして示すことは極めて稀であった。中王国時代の墓の小さなヒエログリフはベッドの上で睦みあっている男女を示している。この記号は今ではその後壁から削られているが、十九世紀中葉に無傷状態で模写された。テキストの中のヒエログリフの意味は、不幸なことに、秘密のままであり、これに対応する大型の図像は一例もない。

キリスト教時代の少し前の一軒の家では、壁が、交わりをしている人びとのいくつかの絵で飾られた。落書であったのか、室の全体的装飾の部分とするのが目的であったのかということについては、建物が快楽の家を目的とするものであることを示す物が一点その中にあるのを認め、それをやや時代の古い建物のいくつかの室に残っている物とくらべることに、われわれは誘惑を感ずる。今世紀初頭に、考古学者はサッカラで、むしろ粗雑な建てかたである日干煉瓦の家の四室を発見した。室のいくつかは、壁によせて置いてある煉瓦のベンチをそなえていた。壁は神ベスの図像で飾られていて、神ベスは高さ一メートルないし一・五メートルで、スタッコで覆われた上に彩色されていた。われわれがやがて見るように、矮人《こびと》神ベスは肉体的な愛がとり行なわれる場所にしばしば同席している。加うるに、ほぼ三十二個の男根像が断片から回収された。これらの「ベスの室」は住人の女性とその客をかくまったようにみえる。そうでなければ、出産の保証を必要とした人びとの礼拝の場であったようにみえる。

王アケナテンが全国土の宗教上・芸術上の活動に革命をおこしたアマルナ時代に、王は、彼以前のいかなる王もしなかったやりかたで、家族とともにいる彼自身の私生活状況を表現させた。王はネフェルティティと娘の中の幾人かを膝の上に抱いている。あるいは、ネフェルティティは王を顎の下からくすぐっている。あるいはまた、彼女は彼の頸のまわりに花の頸飾りを巻きつけながら彼に接吻している。最近、王夫妻がベッドの前で腕を組合せているレリーフが発見された。これらの情景は、ほとんど確実に、明白な自己宣伝癖としてではなく、祭儀上の情景として解釈すべきものである。しかしながら、この特別の時代に芸術がエジプトのその前、およびその後においてもみられないほど官能的であることは、否定しえない。

私生活を公然と示すことについてのエジプト人の抑制は、彼

23　エル・アマルナ出土のレリーフ．パリのルーヴル博物館E．11624

らの表現がエロチックな緊張を欠いていることを意味しない。エロチックな要素は、シンボリックなやりかたで表現されているのである。高官に属する墓では、壁はかずかずの活動を示す絵とレリーフで飾られている。神々の絵、葬送行列の絵、および埋葬に結び付く儀式の絵は別として、いわゆる日常生活の情景は墓の主の職務中の姿、漁撈中と鳥猟中の姿、畑で働いている姿、あるいは宴会で女性と食事をして

22　ヘルモポリスの家の壁画．紀元前1世紀

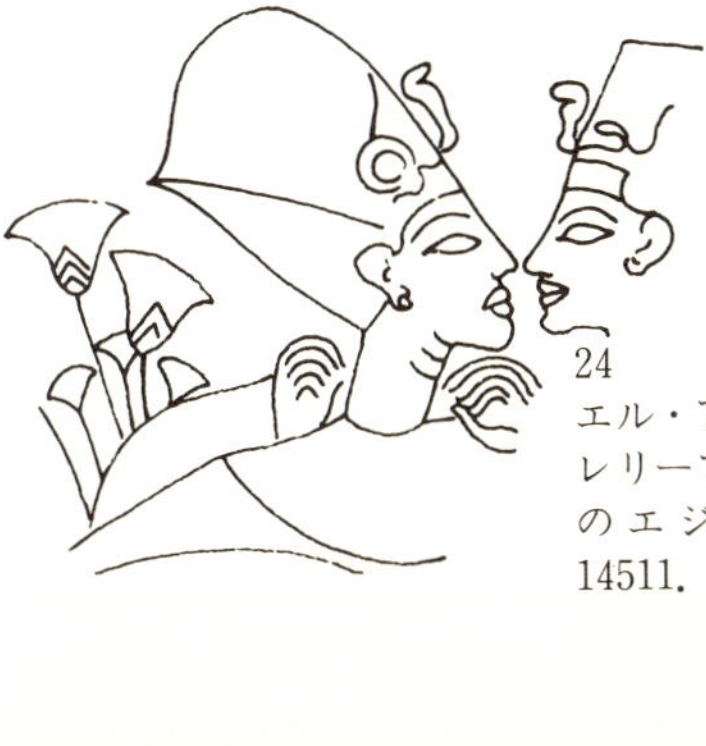

24
エル・アマルナ出土のレリーフ．東ベルリンのエジプト博物館14511．第18王朝

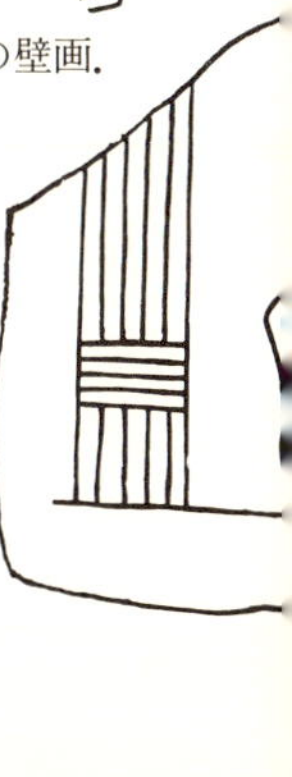

いる姿を描いている。墓を築き装飾を施すことの主たる目的は、来世において永遠の生活を保証することにあった。死者が生存をつづけることを可能にする最も重要な要素は、絶えざる食糧の供給ということであり、しかもそれを楽しむことを可能とする祭儀がそれに伴っているということであった。テーブルの上の供物の山は、ただ墓の中に描かれることによって現実のものとなるのであった。品物リストを記した供物は同じ目的に役立つのであった。畑における作業を描くことは、パンとビールのための穀物を決して終ること

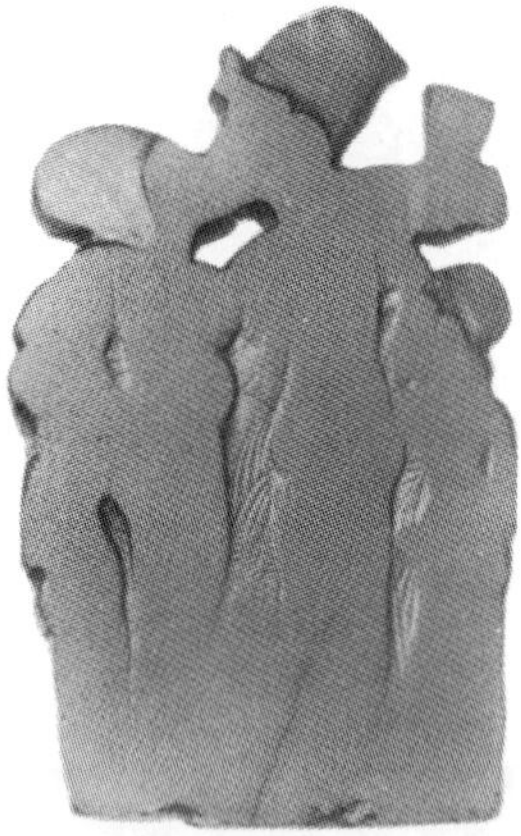

25　エル・アマルナ出土の飾り板．ケンブリッジのフィッツウィリアム博物館4606．1943．同館提供

26　エル・アマルナ出土の小彫像．ユニヴァシティ・カレッジ・ロンドン002．第18王朝．同大学提供

27　メルルカの墓のレリーフ．サッカラ．第6王朝

なく供給することに等しかった。それは、だれにも理解される言葉で表現された最も単純なコンセプトであった。来世における再生に関する、もっと洗練された考えは、これまた日常生活に基礎を置く記号言語によって表現された。最初に再生を可能とする性行為についても同様であった。

墓の主が河ぞいの沼地で魚をとり野鳥を捕獲しているのを示す情景は、幸福な余暇の日々を記念する絵だけであったわけではない。墓の主と妻と子供たちは、祭のときのような服装一式を身に付けて、こわれやすいカヌーに乗っているところを示されている。墓の主は常に幸運の一日を楽しんでおり、一度に二匹の魚を銛で仕留めている。一匹だけということは決してない。情景解釈の鍵はこの二匹の魚、ティラピア・ニロチカ［ナイルのティラピア］にある。エジプト人に

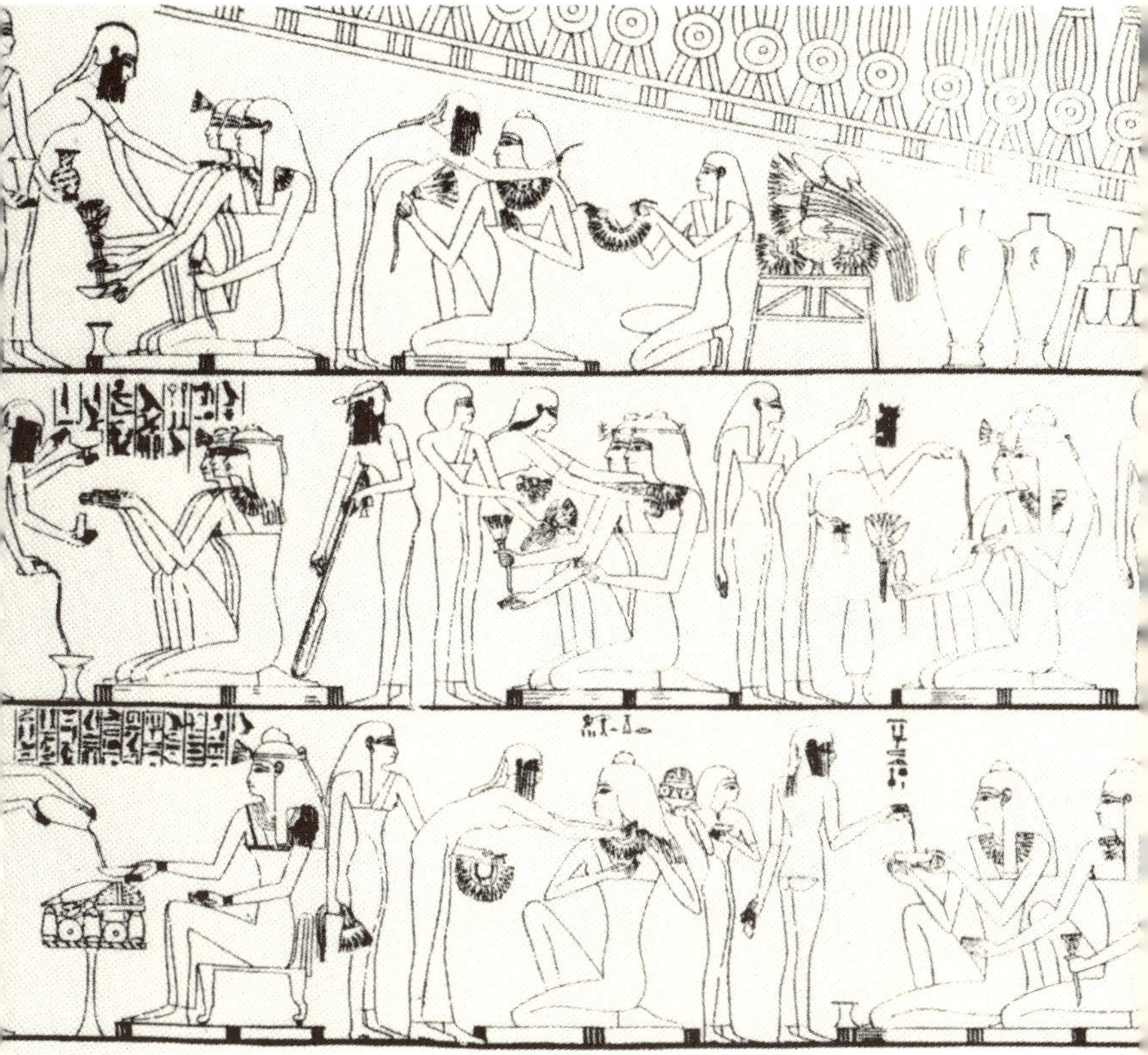

29　テーベのレクミラの墓（100号墓）の壁画．第18王朝

28　デイル・エル・メディナのインヘルカウの墓（359号墓）の壁画．第20王朝（右ページ）

とって、この魚は再生理念のまぎれもない表現なのであった。彼らは、危険のときに、ティラピアがその若い子を口に呑みこみ、無傷のままで吐き出すことができるということに気付いたのであった。外見上は、はじめ殺され、ついで再び生み出されるのであった。カヌーの上に、あるいは女性の中の一人の手の中に、仔鴨または鴨が坐っている。この鳥はエロチックな意味を持っていた。たぶん、それは女性の性能力のシンボルでさえあった。投げ棒で野鳥を捕獲することもまたシンボリックな意

30
テーベのネフェルロンペトの墓（140号墓）の壁画のスケッチ．第18王朝

31
デイル・エル・バハリのネフル王妃の墓のレリーフ．ニューヨークのブルックリン博物館 acc. n. 54. 49（左ページ）

味を持っていた。ただし、武器の形のゆえにとくにエロチックであったというわけではない。野鳥捕獲は、死者の王オシリスが、死後に、食べることと話すこととならんで再び始めることのできる活動の一つであった。墓の中にこの活動を描くことによって、墓の主は同じことが彼におきるのを保証する手段を講じたことになるのであった。

宴会の情景は、墓の主との理想的な宴会を描き、妻を主要人物として描いているようにみえる。しかし、それらの情景は、すべてが同じ方向

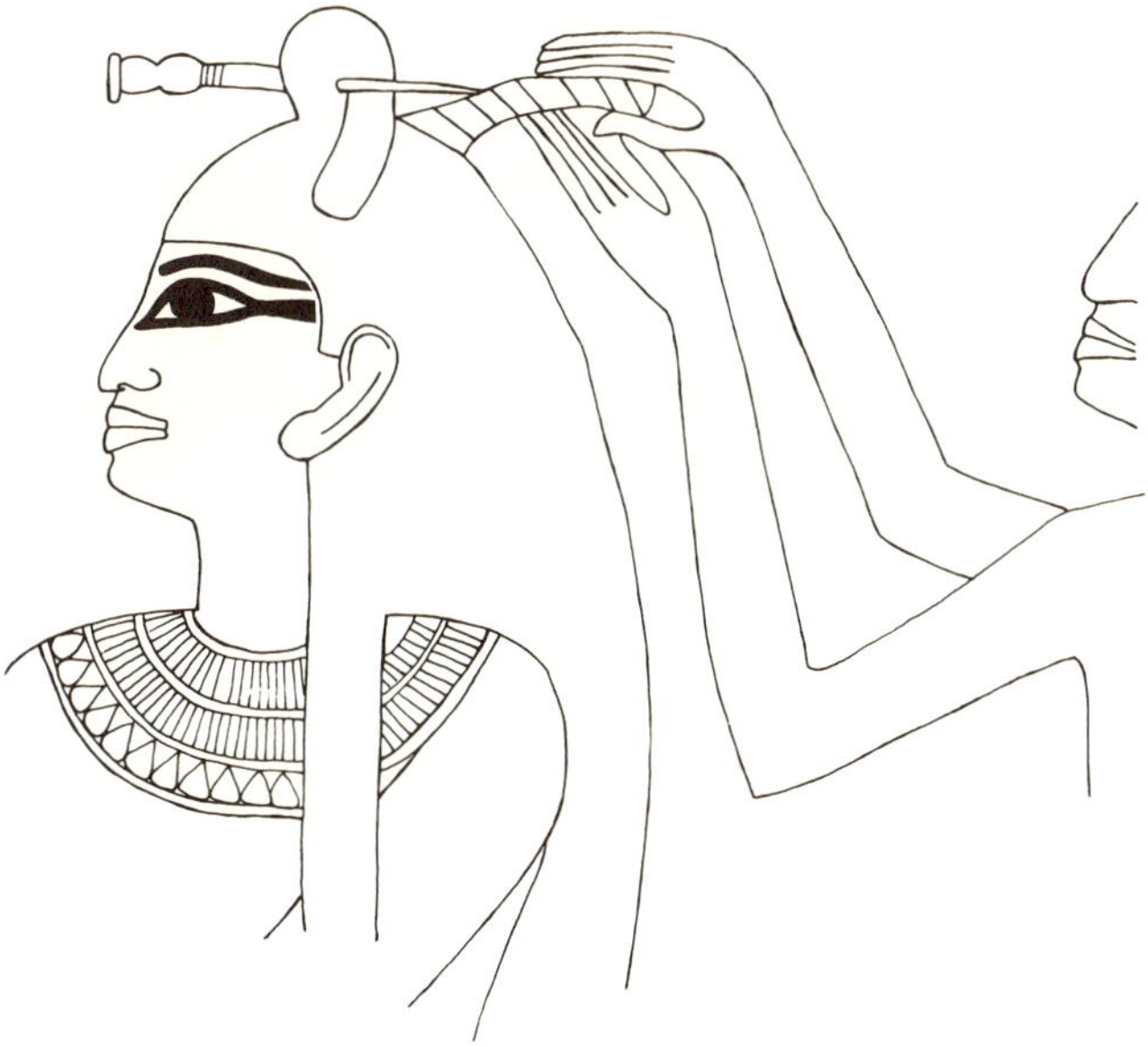

を指しているシンボルによって非常に含蓄的であり、個々の場合のもっと深い意味があったことに何の疑いもありえない。男と女は列をなして坐っており、主人と主人の妻は普通パーティーの人びととは離れたところに坐っている。奉仕女がビールと葡萄酒を注いでまわるが、だれも決して食物を口にしない。客はロータスの花で作ったネックレスを受けとり、固形香油の大きな塊が客の鬘の上に置かれる。パーティーのあいだ、油は溶け、花と香料の快い香りを放つ。女性は透けてみえる着衣をまとっている。それは余りにうすいので、胸はリンネルを通して見え、脚とヒップの曲線は織物によって強調されている。彼女らは重たくて精巧にカールさせた鬘をつけているが、その鬘はその時代の流行に合わせたお下げをつけている。彼女らはロータスの花または蕾、およびマンドレークの実を手にしている。エジプトにおいては、ロータスの花は、ギリシア人にとっての柘榴《ざくろ》の花、われわれにとっての赤いばらと同じように、意味のあるものであった。マンドレークの実は愛のシンボルであって、その根は精力剤として用いられた。毛に関係するものはすべてあらゆる文明においてエロチックな意味を持っている。古代エジプトにおいてもそうであった。ある物語では、若者がこう言ったと記録までされている。「鬘をかぶりなさい。そして、ベッドへ行きましょう！」

固形香油の円錐体はエジプト人のエロチックな想像における香りの重要性を強調している。彼らはまた言葉の遊びを大いに評価した。飲みものを客に注いでまわる奉仕女を描くことは、性行為についてたえず考えている傾向の人びとにそのことを思い出させたにちがいない。というのは「注ぐこと」と「射精すること」は同じ発音のセティで表現されたからである（その単語はまた「射る」を意味した。そこで、情況次第では、射ることを含む狩りの情景もまた、暗に含まれたエロチックな意味を持っていたかもしれな

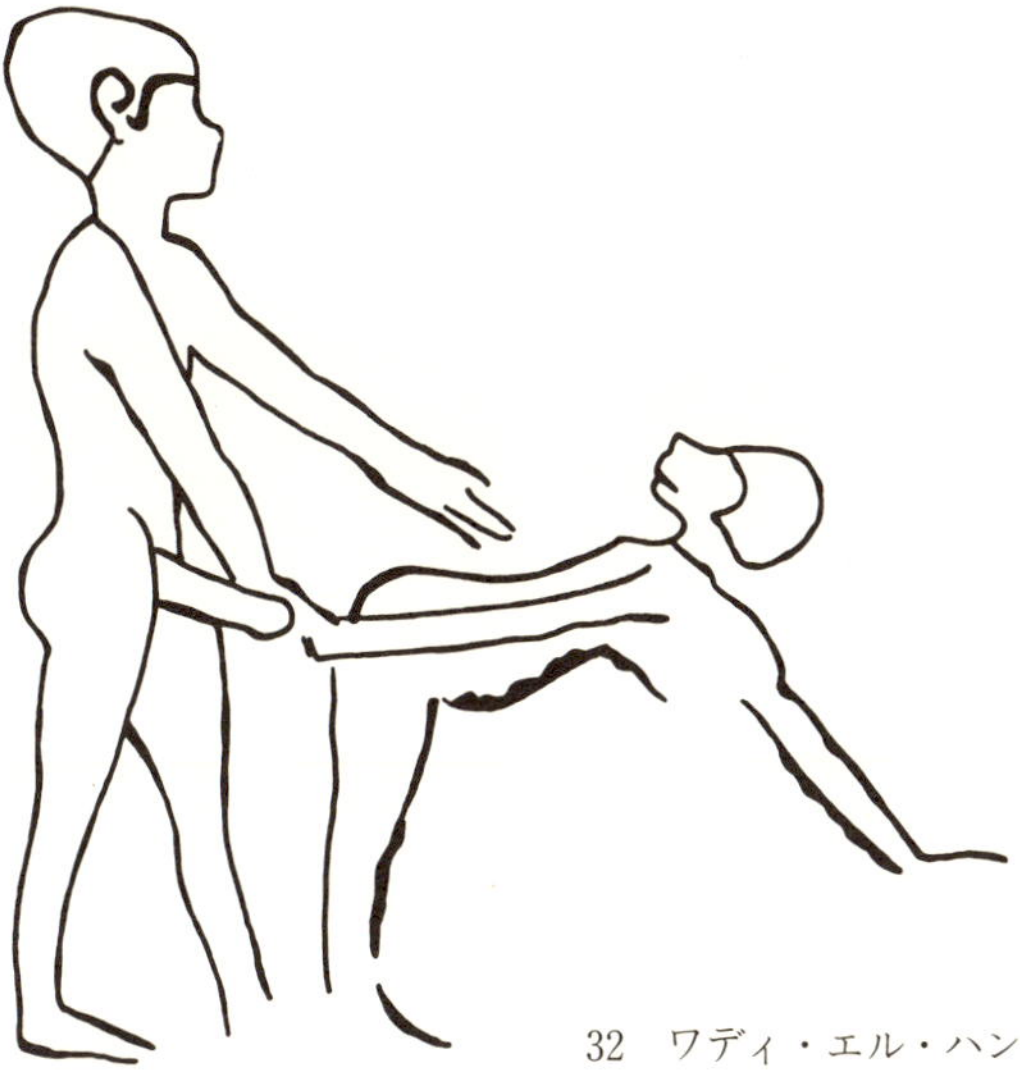

32　ワディ・エル・ハンママトの落書

い)。

このような次第で、統一的に表現された宴会の情景とその細部は、それを知る鍵をにぎる人びとに理解しうる言葉で、再生の一連の出来事における初期段階を伝えようとした試みとして、特別に解釈すべきものという方向を指し示している。古代エジプト人の日常生活の単純にして牧歌的な情景のこの側面が学者に理解されはじめたのは、近々ここ十年かそこらのことにすぎない。その受けいれも、決して普遍的になっているわけではない。

さきに述べたように、エジプト人は、肉体のある部分を描くのをみっともないことだとは考えなかったし、また、動物の交尾を表現することを差し控えようとはしなかった。彼らが人間の交接している情景で墓を飾ることをあえてしなかったのは、たぶん、見た目に美しいかどうかということと関係はなかった。むしろこれは、いかなる絵図にも内在する魔法の力が制御不能になるおそれがあって、性的な事柄が関係しているときはいかなる場合にもそれは恐ろしくかつ有害になる、という確固とした信念に根ざすものであった。

宴会の情景では、墓の主の妻の椅子の下に一匹の小猿(ヴェルヴィット・モンキー)がしばしば描かれている。もちろんこれはペットの猿であろう。しかし、成りゆきまかせという風も純粋装飾という風もないので、この動物の存在は付加的意味をもっているにちがいない。説明は明らかである。というのは、猿はさまざまな情況にあらわれていて、その大部分は直接または間接のエロチックな意味をもっているからである。交わりを示すある落書は、相手の女を明確に猿様の顔をしたものとして描いている。化粧壺は猿で装飾されているかもしれない（ある壺は同じ状態の女を示している）。楽器を持つ猿は女楽師を模したものであるようにみえる。アケナテンの妻たちの中の一人は、猿をさす単語の一つに顕著に似ている名前を持っていた。彼の父のハレムにおける女性たちの中の一人もそうであった。猿は女性の性能力に明らかに密接に関係付けられていた。たぶん、鴨または雁よりも捉えやすい次元のこととしてだった。ある場合には、狒狒《ひひ》が猿と交替した。狒狒は音価でネフェルといい、英語の一単語で必ずしも翻訳しえない単語であった。「良い (good)」「美しい (beautiful)」あるいはそれに類したものが慣例的な意味とされているが、この単語は何か躍動的で創造的で強力なものを含んでいる。一つのシンボルが他のシンボルによって置き換えられるとき、それらはしばしば関係を持っているのであって、この文脈で、猿が女性の私生活の守護者たる矮人ベスと交替するのは、興味ふかいことである。

愛の道具

いかなる絵図も持っている魔法の力に対するエジプト人の態度を考えると、ある品々がエロチックな状況で役割を果したのは少しも不思議でない。護符と小彫像は女の愛を得るために、あるいは来世において精力を維持するために、魔術として用いられた。音楽と愛の女神ハトホルは、シストラムとメナトの女主人であり、これら二つの品は彼女の特別領域に関係付けられていた。シストラムは神聖なガラガラであり、メナトはネックレスの錘《おもり》であった。メ

34

33

ナトはそれ自身では楽器ではなかったが、この錘は柄として用いられ、ビーズが振られるという形で楽器となるのであった。いずれの品も神殿の祭儀に用いられたが、人間のためにも用いられた。墓の主とその妻は、夫妻に永遠につづく幸福と出産力が来るように願うために、しばしばこれらの品とともに表現されている。

　エロチックなガラガラの音は、宴会で踊り娘《こ》たちによって作られた。彼女らはヒップにまきつけた紐のほかは何も身につけていなかった。紐は空洞のビーズに小石をいれたものを付けてい

33　黒檀製ベッドの部分. ケンブリッジのフィッツウィリアム博物館E.67c.1937. 第18王朝

34　個人コレクションのオストラコン. カイマー・フォト提供

35　テーベの墓の壁画. 大英博物館37984. 第18王朝

て、少女らがヒップを振るたびに誘惑的な音を発するのであった。

エジプトの女性は、自然が創った以上に彼女らを魅力的にする化粧品を使った。隈取り絵具は彼女らの黒い眼を強調し、リップ・スティックとルージュは顔に色彩を加えた。彼女らの用いた化粧品壺は、エロチックなシンボルで飾られている。たとえば、生命をあらわすヒエログリフ ☥ の形をした香油用スプーンがそうであって、その柄はパピルスの茂みを航行しながら

36　セドメント出土の香油用スプーン．ユニヴァシティ・カレッジ・ロンドン14365．第18王朝．同大学提供

リュートを奏する少女で飾られている。リュートも舟もともに鴨の頭の形でできている。硬石膏（青色大理石）で作られた小形の壺には、外側を這っている猿がいる。別の香油用スプーンは鴨を手にして泳ぐ少女の形をしていて、少女の身体の窪みの部分に香油が入るのであった。ファイアンス製の碗は装飾としてエロチックなシンボルのほとんどすべてを付けている。すなわち、クッションに坐っている美しいリュート奏者と彼女のヒップ・ベルトにじゃれる猿がいる。彼女は太股に職業用のベスの入れ墨を付けていて、円錐形の固形香油とロータスの花を重い鬘の上にのせている。リュー

37
ファイアンス製碗の装飾．ライデンのファン・ウデヘデン博物館 AD14/H118/E. xlii. 3. 新王国時代

38　サッカラ出土の石灰岩像．エジプト調査協会（ＥＥＳ）提供

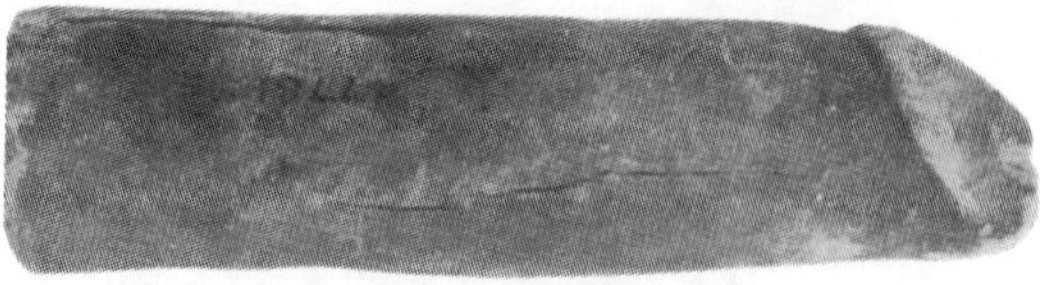

39　デイル・エル・バハリ出土の木製
祈願用男根像．大英博物館提供

40　ファイアンス製の小彫像．大英博物館M39．同館提供

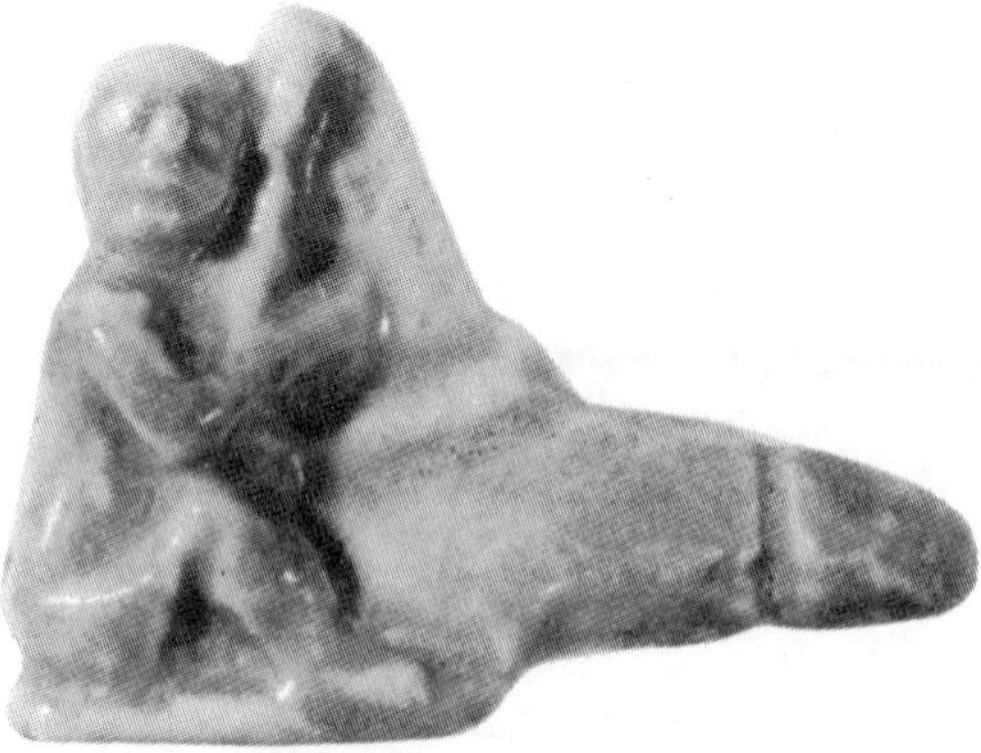

トは鴨の頭で飾られている。

エジプト人はエロチックな遊びを誇張するためにさまざまの仕掛を使ったということ、それらは控え目に心中に思っていることを示唆するシンボリックな品々とは全く別のものであったということは、ありそうなことである。他の古代文明においては、人工的な男根が用いられた。しかし、エジプト人は類似の形の物を作りはしたが、祈願用以外の目的にそれらが用いられたことを示すものは何一つない。他方、本書の末尾のほうで複製で示す

41　木製小彫像．大英博物館48658．第19王朝．同館提供

エロチックな戯画は、だれかが人工的刺戟について考えたことを示唆している。唇に絵具を塗っている少女は、突起部を底にもつ壺を逆さまにして、その上に腰を下ろしている。彼女の相手は彼女の秘部に指をあてている。この組合せの目的についてはほとんど何の疑いもない。

楽器はしばしばエロチックな状況で見られる。とくにギリシア・ローマ時代にそうであって、男根は楽器の一部をなしているか、演奏のさいに使う道具となっている。ファラオ時代には、オーケストラは宴会に必須のものであって、そこに暗に秘められている意味についてはすでに論じた。愛と音楽は常に一体化しているのであった。

内妻の小像は副葬品の中の重要な品目であった。それらは木、ファイアンスで、時として黒檀で作られ、時には足を持たず女体の解剖学上の本質的部分が絵具または入れ墨で誇張されていた。それらのあるものは、ベッドの上に横たわった姿で示されている。魔術によって、それらは墓の中で生き、墓の主の精力を刺戟し、強化し、彼に歓びを与え、さらに重要なことだが、来世における奇跡的再生を彼に保証するのであった。

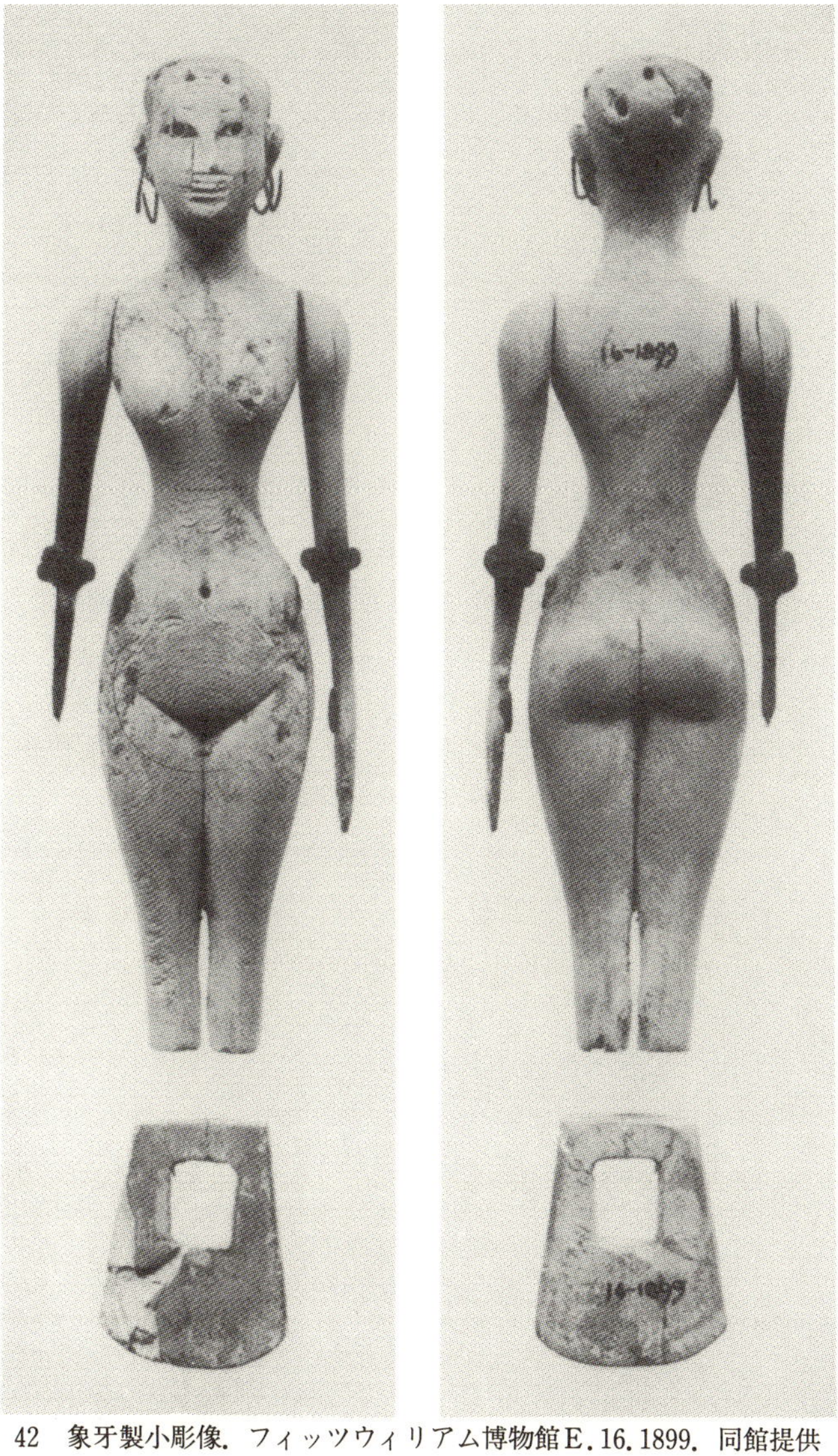

42　象牙製小彫像．フィッツウィリアム博物館E．16．1899．同館提供

エロチックな文章

神話の物語

世界の創造は、はじめに太陽神が自らを創ったことによって誘発された。第一段階がおわったとき、彼は二つの別の神、すなわち大気の神シュウと湿気の神テフヌトを、手淫によって作った。これらの二神はこんどは結合して大地のゲブと天空のヌトを創り出した。ヌトはアーチ型に背をまげてゲブの上を覆った。そして最も明瞭なやりかたで、オシリス、イシス、セト、ネフティスの両親となった。のちに、イシスとオシリスの息子ホルスが加わり、九人の神々が今や世界に創られた。これがエネアド（九神）である。他の神々が到着し、場面は演劇のためにセットされた。その演劇の起源は神々の非常に人間的な性格にあった。

メイン・テーマはホルスとセトの争いであって、二人の中のどちらがオシリスの死後その職務を継承すべきかということであった。ホルスはオシリスの息子であり、セトはオシリスの弟であって、きわめて複雑な法律上の問題がそこにあった。しかし、戦いのあいだにセトは冒険をする時間を見付けた。とくにイシスは彼の狙う相手だった。次の引用はいろいろのパピルスに見られるものである。(チェスター・ビーティ・パピルスI——前一六〇〇年ごろのもの。[17] カフン・パピルスVI——前一九〇〇年ごろのもの。[18] ジュミラック・パピルスIII——前一世紀のもの[19])

九神《エネアド》の生活のエピソード

太陽神は生涯の大半を、係争者の双方に味方したり、審判したりして過した。しかし、一度だけ、彼はリラックスする時間を持った。

大神は東屋で仰向けに寝て一日を過した。心は悲しく、彼は孤独だった。

長いことたって、南のエジプト・イチ

43　大英博物館パピルス10,008. 第21王朝

ジクの貴婦人であるハトホルが来て、宇宙の主である父の前に立った。彼女は彼の面前で陰門を露わにした。すると、大神は彼女を見て微笑し……。（チェスター・ビーティ・パピルスI、3の13～4の3）[20]

〔パピルスの文書の出所について記してある数字について少しく説明する。パピルス全体の番号、次が欄（現代の本のページにあたる）、その次が行の位置を示す。右の例について説明すれば、チェスター・ビーティ・パピルス第一号、第三欄の第十三行から第四欄の第三行ということである。チェスター・ビーティ・パピルスの第一号はダブリンのチェスター・ビーティ図書館にあり、第二号以降のコレク

44　石灰岩(？)製小彫像．
大英博物館．同館提供

一方では、セトがイシスと余暇を楽しもうと考えていた。

ションはロンドンの大英博物館にある〕

セトは見まわした。そして彼女が遠くからこちらへ歩いてくるのを見た。そのとき彼女は魔法の呪文を口にした。そして彼女は四肢の美しい娘に変身した。国じゅうのどこにも、このように美しいひとはいなかった。そこで、彼は彼女を熱愛した。それから、彼は立ち上り、歩いて行って、坐り、大九神《エネアド》と一緒に食事をした。彼は歩き出して彼女に追いつこうとした。そのとき彼女を見ているものは彼のほかにはいなかった。

すると、彼女は一本の木のうしろに立った。彼は彼女を見て叫んだ。「美しい娘よ、私はここにあなたと一緒にいる!」。彼女は彼に向って言った。「おお神よ! 私は牛飼人の妻でした。そして、私は彼のために一人の息子を生みました。夫は死に、少年が父の家畜を監視することになりました。ところがある日、見知らぬ男が来て、牛舎に坐り、わが息子に向って言いました。『わしはお前を叩き、お前の牛を取りあげ、お前を蹴って追い出すんだ！』。その男はこう申したのであります。ですから私の最大の願いは、あなたがその男を退治してくれることであります」と。

セトは言った。「その父の息子が存命であるのに見知らぬ男に牛を渡すということがあろうか」。

その瞬間、イシスは鳶《とんび》に変身し、一本の木の頂上に飛び上った。彼女はそこからセトに向って叫んだ。「泣くがいい。あなたが自身の口がそれを言ったのです。あなた自身の賢さが審判を下したのです。それ以上に、望むことがありますか」。（チェスター・ビーティ・パピルスI、6の3～7の1）(21)

イシスは、オシリスの玉座を継承する正統性に関する情況に言及しているのであって、彼女は明らかにこのことについての全体計画を心中に進めていて、おのれの性を用いてセトを罠にかけたのであった。

別の場合には、変身の力を行使するのはセトであった。

セトは、イシスを見たとき、牡牛に変身して彼女を追うことができるようにした。しかし彼女はナイフを尻尾につけた雌犬の外観を採り、彼女であると見分けることができないようにした。それから、彼女は彼から走り去った。セトは彼女に追いつくことができなかった。すると、彼は地面に射精した。彼女は言った。「牡牛のあなたよ、あなたが射精したことは胸をむかむかさせることです！」。しかし彼の精子は砂漠で生長し、ベドデド・カウ（西瓜？）という植物になった。（ジュミラク・パピルスIII、1〜6）[22]

アナトは外国の女神であった。一種のアマゾンであって、九神《エネアド》に養女とされ、太陽神を「父」と呼んでいたが、しかし同時に彼の妻でもあった。セトはやがて彼女の精力溢れる美しさに参ってしまった。

女神アナトはカプの流れで遊び、ヘムケトの流れで水浴をしていた。さて、太陽神は散歩に出かけ、彼女の背に「セトが乗っているのを見」、牡羊が交尾するように彼女に交接しているのを見た……。「そのとき、精子のいくつかが」彼の額と眉毛と眼にとんできた。彼は「気分が悪くなって」自分の家のベッドで横になった。「それから」神聖なるアナトが父ラアのところへ来た。彼女は勝者であり、戦士のごとく振るまう女性であり、男の服装をまとい、女性の帯を付けていた。そこで彼は彼女に言った。「どうしましたか？　神聖なるアナトよ、勝者であるあなたよ、戦士のごとく振るまう女性よ、男の服装をまとい、女性の帯を付けている者よ。私は夕方帰宅しました。そして、あなたがセトを精子から解放したことを知りました。セトがあなたと火の中で交接し、鑿《のみ》であなたを開くというのは、太陽神の妻であったような者にとっては、子供らしい罰ではありませんか」。（チェスター・ビーティ・パピルスⅦ、裏面、Ⅰの5～Ⅱの3）(23)

ある点では、太陽神はホルスとセトの争いにうんざりしていて、二人に向ってただ遠くへ行ってくれと頼んでいるだけである。セトは二人がいかに共に時間を過すべきかについて何の疑いもなかった。

セトはホルスに言った。「来なさい。私のところで幸せな時を過そう！」。ホルスは答えて言った。「はい、喜んで、喜んで」。夕方になると、ベッドが二人のために拡げられ、二人は横になった。夜のあいだ、セトは陰茎を堅くし、ホルスの腰のあいだに入らせた。ホルスは両手を腰のあいだに置き、セトの精子を捕えた。

それから、ホルスは母イシスのところへ行って語った。「おおイシスよ、わが母よ、ここへ来て下さい！　セトが私に何をしたか、見て下さい！」。それから、彼は手を拡げ、セトの精子を彼女に見せた。彼女は叫び、ナイフを手にとり、彼のその手を切り落し、水中に投げ捨てた。しかし彼女は、別の同じ手を彼のために作り出した。それから、彼女は甘い香りの香油を手にして、これをホルスの陰茎にべたべたと塗った。彼女はそれを堅くし、壺の中に入れ、精子をその中に奔出させた。

朝になって、彼女はホルスの精子をセトの庭に運んだ。彼女は庭師に向って言った。「セトがあなたと一緒にここで普段食べているのはどの草ですか？」。庭師は答えて言った。「あの人はここではレタス以外のものは何も食べません」。そこで、イシスはホルスの精子をレタスの上に置いた。

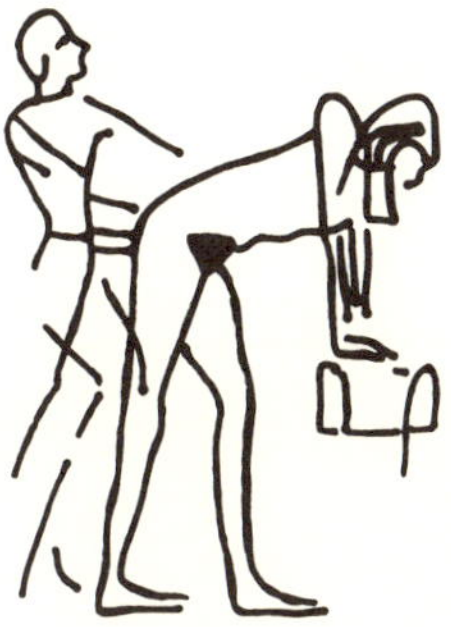

46　デイル・エル・バハリの
墓の落書．新王国時代

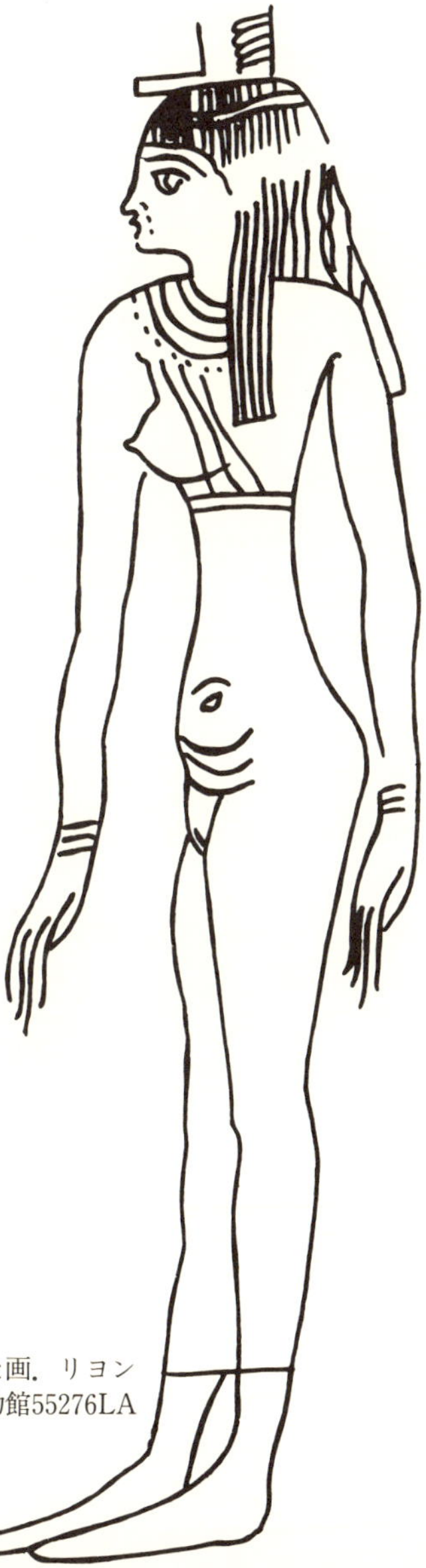

45　リネンに描いた画．リヨン
の繊維歴史博物館55276LA

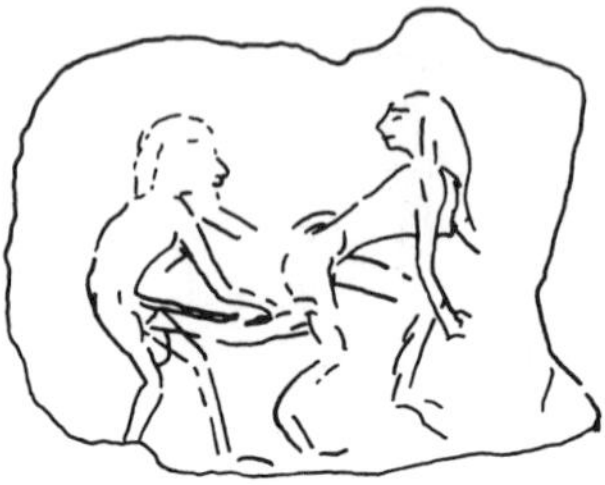

47.48　個人コレクションのオストラコン．カイマー・フォト提供

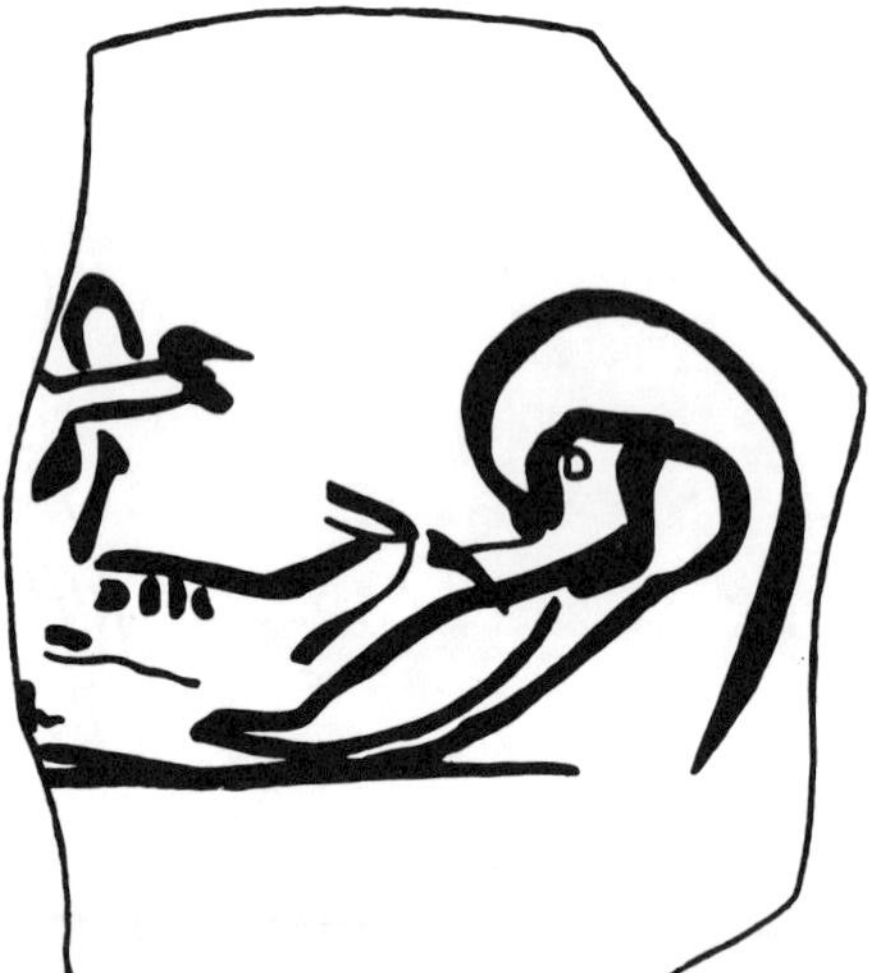

49　デイル・エル・メディナ出土のオストラコン．カイロのフランス・オリエント考古学研究所 3962．新王国時代

50　デイル・エル・バハリの墓の落書．新王国時代

セトは、毎日やっているようにあらわれて、いつものようにレタスを食べた。彼はホルスの精子によって妊娠した。彼はホルスのところへ行って言った。「さあ、法廷で君と争うために行こう」。ホルスは言った。「まさに、私のほうもそうしたいのです。そうしたいのです」。

それから、二人は法廷に赴き、大九神《エネアド》の前に立った。「諸君自身のことについて話しなさい」と二人は言われた。セトは言った。「統治者の職務を私にお与え下さい。と申しますのは、私と同じようにここに立っていますホルスに関して、私は彼を倒すための攻撃行動をとりましたから」。

九神《エネアド》は大声で叫び、さらにホルスの面前でげっぷをし、唾を吐いた。しかし、ホルスは彼らに向って笑い、誓い、そして言った。「セトの言ったことはすべて嘘でありますす。セトの精子を呼び出して下さい。精子がどこから答えるかが分るでありましょう」。

そのとき、神聖言語の主にしてエネアドの真理の書記であるトトは、その手をホルスの腕にのせて言った。「出て来なさい。汝、セトの精子よ！」。すると、それは沼地の水の中から答えた。次に、トトはその手をセトの腕にのせて言った。「出て来なさい。汝、ホルスの精子よ！」。すると、それは彼に向って言った。「どこへ出て来いというのですか」。トトは言った。「彼の耳から出て来なさい！」。すると、それは言った。「私は神聖なる流出物であります。彼の耳から出てくるでしょうか」。すると、トトは言った。「彼の額から出て来なさい！」。

すると、それはセトの頭上に黄金円盤として出て来た。セトは怒り狂い、手を伸ばし、黄金円盤に触れようとした。しかし、トトはそれを彼から外し、おのれ自身の頭上に飾りとして置いた。それから、彼は言った。「ホルスが正しい、セトは誤っている」。セトは誓いを立てて言った。「われわれが外で解決するときまで、彼に職務は取らせません」。（チェスター・ビーティ・パピルスI、11の2～13の3）(24)

ホルスとセトは新しい策略を用いて戦いをつづける。最後に、死者の王国のオシリスに手紙を送り、彼に最終審判を下してもらうことによって、問題は解決する。ホルスは玉座の継承者となる。

セトがホルスを犯そうとする場面については、異本もある。それは明瞭に侵略のゲームの意味をもっていたのであるが、セトはそれと併行して生ずる快楽に対しても盲目であろうとは思わないのであった。

セトはホルスに言った。「君の尻は何と美しいことだろう！」。ホルスは答えて言った。「……［欠落］を話すまで待ってくれ」。……ホルスは母イシスに言った。「セトは私のことを知りたがっています」。彼女は彼に言った。「用心しなさい。そういう用事で彼に近づくのはやめなさい。こんどそのことを彼があなたに話したら、こういってやりなさい。『あなたは私より重たいから、私の体格からいってそのことは無理です。私の体力はあなたとは違うのです』。このように言ってやりなさい。そのあと、彼があなたを昂奮させたときには、尻の間に指を置きなさい。彼はそれをきわめて心地よいものと感ずるでしょう……。彼の男根から出て来たこの精子を、太陽に見せてはいけません」。（カフン・パピルスⅥ、2、裏面）(25)

イシスはいかにしてホルスを懐妊したか

ホルスがどのようにして創り出されたかについては、さまざまの説明がある。一つの神学派によれば、彼は太陽神によって九神《エネアド》のメンバーとして創り出された。しかし、別の伝承は、すでに死者となった父オシリスがイシスに彼を懐妊させたと述べている。いかにしてこのようなことが可能であったかは、長椅子の上にミイラの形で横たわっているオシリスとその上を鳥の形で飛んでいるイシスの絵図によって示唆されている。この絵図を念頭に置けば、行為を描くテキストを解釈するのはむずかしくない。ルーヴル美術館所蔵の紀元前一四〇〇年ごろの碑板は、次のような行文を含む讃歌をおさめている。

おお恵みふかいイシスよ、
おのが兄オシリスを守った者、
疲れも知らずに彼を探し求めた者、
喪に服して国じゅうを旅した者、
彼を見付けるまで決して休まなかった者。

おのが翼によって彼に影を
　与えた者、
おのが羽毛によって彼に空
　気を送った者、
おのが兄をよろこばせ、わ
　が家に連れて戻った者。
疲れた者となって元気のな
　い者に活力を与えた者、
彼の精子を受け、一人の後
　継者を懐妊した者、
彼がどこにいるかをだれも
　知らないときに……
孤独のなかに彼を育てた
　者。

51　アビドスのセティ1世神殿のレリーフ．第19王朝

（C286、1の15～16）[26]

ほとんど一千年後に、同じ状況が違う言葉で叙べられている（ルーヴル・パピルス3079、巻110、10）[27]。

私はあなたの妹イシス。私があなたのためにしたようなことをした神も女神も他にいません。私は女性でありますが、男性の役目を果し、あなたの名が地上に生きつづけるようにしました。なぜなら、あなたの神聖な精子が私の体内にあるからです。

女王ハトシェプストの神聖懐妊

エジプト王にとって、王位に対する正統なる権利をもつことを証明するのが、必要であった。いかなる意味でも疑いがないのであるならば、状況がいかに極めて特別なものであるかについて宣言することが必要であった。神は夢の中で若い王子に神自身の姿を見せるか、神像が神殿で彼のほうを指さす、ということが言われていた。あるいは、たぶん、神自身が幼児の父なのであった。紀元前一五〇三年から一四八二年まで王としてエジプトを統治した女王ハトシェプストは、後者の証明を採った。それは、同じ世紀の後期にアメンホテプ三世によってほとんど文字どおり書き写された。テキストは上エジプトのデイル・エル・バハリの女王の神殿の壁面の一つに刻まれた。神アメンは、九神《エネアド》に対して、エジプトの新しい統治者を生む意志のあることを宣言する。書記トトは、美しい王妃アフメスが王宮に住んでいることを神アメンに知らせる。アメンは直ちに興味をもつ。しかし彼には問題がある。彼の意志を実行するために、いかにして王妃のベッド・ルームに入るか、ということである。解決法は楽しいほど簡単である。神が王妃アフメスの夫、トトメス一世に変身するのである。

52　碑板．大英博物館
1372．第13王朝

アメンは王宮の奥の間に王妃を見出した。神聖な芳香をかいだとき、彼女は眼をさまし、彼に向って微笑した。直ちに、彼は彼女に近づいた。彼は彼女に対して欲情し、おのが心を彼女に与えた。彼は、おのが真の神の姿を見ることを彼女に許し、彼女に接近した。彼女は彼の精力に歓喜し、彼に対する愛は彼女の肉体を通って流れた。王宮は神の芳香にみたされ、その香りはプント（香料の国）におけるがごとくであった。

それからすぐに、神は、彼女に対して、欲することをした。彼女は、彼女の上にある彼を歓喜させた。彼女は彼に言った。「顔をつきあわせてあなたを見るのは、何とすばらしいことでしょう！　あなたの神聖な力は私を呑みこみ、あなたの露は私の四肢に行きわたっております！」。神は、彼女に対して、欲することをもう一度した。そして彼は言った。「まことに、ハトシェプストは、あなたの腹の中に私が置いた子の名となるだろう。なぜなら、これがあなたの求めたことだった」。（ウルクIV、219の13～220の6）(28)

「ハトシェプスト」は「高貴なる最良のもの」あるいはそれに近いものと翻訳すること

ができる。これは神の行為の価値ある表現である。

人間の物語

エジプトのエロチックな物語は、女性がイニシアチヴを取るときには、しばしば姦通に触れている。終りには、彼女は悪い目に会う。現実生活においても、同様に、姦通は重大な罪であった。ディオドルスによれば（I、78の3～4）[29]

もし男性が自由な既婚女性を犯したならば彼は去勢される、ということを彼らは規定していた。……もし男性が女性の同意のもとに彼女と姦通したならば彼は一千回の紐叩きを受けねばならず、女性は鼻を切り落される、と法は命じていた。

行政上の資料は、姦通が下層階級でいかに盛んであったかを示している。ラムセス時代の一例は次のように述べている。

パネブは、女性市民トゥイが職人ケンナの妻であったときに彼女を犯した。彼は、女性市民フンロがヘシスネベフと一緒に暮していたときに、彼女を犯した。彼女の息子はそう言った。フンロを犯したのち、彼は彼女の娘ウェブケトを犯した。ついで、彼の息子アパフテもまたウェブケトを犯した。

これらの不法な関係がいかなる罰を受けたかについて、資料は述べていない。

姦通したのを見られた既婚女性は、その夫から離縁されるのを免れなかった。プトレマイオス期のある結婚契約書は次のように述べている。「もし私がこの世の別の人と一緒にいるあなたを見たなら、私はもはや『あなたは私の妻である』と言うことはできない」。しかし、女性のほうには潔白であることを誓って言う可能性もあった。そのとき彼女はこう言う。「私は夫婦間以外の交わりを持ちませんでした。あなたと結婚していらい、私はいかなる他の人とも交わりを持ちませんでした」。

ウェバオネルの妻と町の男

この話はウェストカー・パピルスと呼ばれて、今日東ベルリンにあるパピルスの巻物に書かれている。その年代は紀元前一五〇〇年ごろである。事件はこの年代よりほぼ千年も前におきていて、クフ王の宮殿で語られている。(30)

ウェバオネル（メンフィスのプタハ神殿の首席朗誦祭司）は妻を持っていたが、彼女は町の男と恋に落ち、召使を通じて彼と接触していた。彼女は衣類の詰まった箱をプレゼントして彼に送り届けた。そして、ある日、彼は召使の少女と一緒にやって来た。

さて、ウェバオネルの湖に快楽の家があった。多くの日々が過ぎたのち、町の男はウェバオネルの妻に向って言った。「さあ、ウェバオネルの湖に快楽の家があります。来なさい。あそこで、しばらく楽しい時間を過しましょう」。

ウェバオネルの妻は湖を管理する執事に使いを出して伝えた。「湖の快楽の家の設備を整えておいて下さい」。それから、彼女はそこへ行き、日が暮れるまで町の男と酒を飲んで時を過した。夕暮になると、彼は湖へ下りていった。召使は彼の水浴びを助けた。執事は彼らを監視していた。

さて、次の朝、執事は主人のところへ行って事の経過を報告した。「黒檀と黄金で作った私の［道具？］」を持ってきなさい」とウェバオネルは言った。それから、これを用いて長さ七スパン〔一スパンは約二三センチメートル〕の蠟の鰐を作った。彼はそれに向って呪文をとなえ、こう言った。「私の湖に水浴びをしに来る者は、だれかれ構わずに引っ捕えろ！」。それから、彼はそれを執事に渡して言った。「毎日やっているのと同じように、町の男が来て湖に入るとき、彼のうしろからこの鰐を湖に投げいれなさい」。執事は立ち去り、蠟の鰐を携えていた。

しばらくたって、ウェバオネルの妻は湖を管理している執事を呼びにやり、彼に向って言った。「湖の快楽の家の設備を整えて下さい。そこへ私が行きたいので」。それから、快楽の家は、すべての立派なものをそろえて整えられた。それから、彼女は行き、町の男と幸せな一日を過した。

夕暮れになると、毎日やっているのと同じように、町の男は来て、湖に入った。執事は蠟の鰐を彼のうしろから投げいれた。それは七キュビット〔一キュビットは五二・五センチメートル」の鰐となり、町の男を捕え、……。

ウェバオネルは七日のあいだ王ネブカとともに「プタハ神殿に」とどまった。他方、町の男は息もしないで水の中にいた。七日が過ぎたとき……ウェバオネルは王ネブカに向って言った。「陛下の御代におきました不思議なことを、来て御覧になって下さい」。王は彼と一緒に行った。ウェバオネルは鰐を呼んで言った。「町の男を連れて来なさい！」。鰐は行って彼を連れて来た。「何という恐ろしい鰐だ！」と王ネブカは叫んだ。しかし、ウェバオネルはゆるやかに降りていって、それをつかまえた。する

53　オストラコン．大英博物館50,714．新王国時代

と、それは、彼の手の中で蠟の鰐となった。

それから、首席朗誦祭司は王に向って、町の男が彼の家で彼の妻と何をしたかを語った。すると陛下は鰐に向って言った。「お前自身の物を取りなさい」。すると、鰐は「町の男を連れて」水の深いところに消えていった。鰐が男をつれてどこへ行ったのか、だれも知らなかった。

王ネブカはウェバオネルの妻を王宮の北の野に運ばせ、彼女に火を付けた。それから、彼女の灰は河の中に投げ捨てられた。

バタと義理の姉

アヌビスという名の男の妻が義理の弟バタを誘惑しようとする話は、古代にまとめられて今日「二人の兄弟の話」として知られている二つの物語の中の一つである。大英博物館に保存されている手稿（大英博物館ドービネー・パピルス10の183[31]）はセティ二世の時代（紀元前一二一〇年ごろ）に書かれた。エピソードは聖書のポテパルの妻の物語と明瞭な相似をなしている。

むかし、同じ父、同じ母から生れた二人の兄弟がいた。兄の名はアヌビスといい、弟の名はバタといった。アヌビスは家を持ち、妻を持っていて、弟は息子のように彼の家で暮していた。彼は兄のために衣類を作り、兄の牛を野に連れて行った。彼は畑を耕し、穀物を収穫した。畑におけるすべてのことを、彼はした。そうだ。弟は精力的な若者であって、国じゅうに彼に及ぶものは一人もいなかった。彼の中には神のような力があった。

しばらくして、このバタが、いつものように牛を監視していた。毎夕、彼は畑のあらゆる種類の草と、乳と木と畑のあらゆる良い物を積んで、家に帰った。彼はそれを、妻と一緒に坐っているアヌビスの前に置いた。それから、彼は食べて飲み、動物と寝るために牛舎へ行った。夜が明けたとき、彼は朝食をとり、兄に朝食の世話をした。アヌビスは畑へ持ってゆくべき品物を渡した。バタが牛を監視しているとき、牛は彼に言った。「草はあちらのほうがうまいよ」。彼らの言うことすべてを彼は聞いた。そこで彼は彼らの好む草の生えている場所に彼らを連れていった。彼の世話した牛はそのあときわめて美しく成長し、仔牛の数を二倍にした。

ある日、種をまいているときに、アヌビスはバタに言った。「軛《くびき》に牛の群をつなぎなさい。土が氾濫のあとに姿を出したから。耕すのにいい時だ。それから、種を持って帰って来なさい。朝早く耕す用意をしなくてはならないから」。そう彼は言った。そこでバタは、兄から言われたことを全部した。

翌日、彼らは種を畑に持ってゆき、耕す仕事をはじめた。彼らははじめから仕事に大いに満足していた。つづく日々のある日、彼らが畑にいて種を使いはたしたとき、アヌビスは弟に言った。「村へ行って種を取ってきてほしい」。

バタは、兄の妻が坐って髪の毛をとかしているのを見た。彼は彼女に言った。「立って下さい。そして、畑へ持ってゆくための種を私に下さい。兄が私を待っていますから。ぐずぐずしないで下さい」。彼女は彼に言った。「行って貯蔵容器を自分で開きなさいな。そして、要ると思うだけ持って行きなさい。そうでなければ、私は髪を外して地面におかなくてはなりませんからね」。

バタは牛舎へ行き、大きな器をつかんだ。というのは、彼は大量の種を持って行こうと考えていたからである。彼は大麦と小麦を一杯背負って外へ歩きだした。彼女は彼に言った。「どれぐらい肩にのせているのですかね」。「大麦が三袋、小麦が二袋です」と彼は答えた。「肩にのせているものは合計で五袋になります」。「あなたはほんとに力もちですね」と彼女は言った。「私は毎日、あなたがどんなに力もちであるかを見ました」。それから、彼女は、人が一人の男を知るように彼を知りたい、と望んだ。彼女は立ち上り、彼をつかみ、そして言った。「来なさいよ。一ときを一緒に過しましょうよ！　あなたにも悪いことじゃないわ。私はあなたに良い着物を作ってあげますからね」。

　しかし、バタはこの邪《よこしま》な申し出に対して豹のように怒った。そこで、彼女は恐れを抱いた。彼は彼女に向って言った。「御覧なさい。あなたは私にとっ

54　デイル・エル・メディナ出土のオストラコン．個人コレクション．新王国時代

て母です。あなたの夫は私にとって父です。彼は私の兄ですから。彼は私を育ててくれました。あなたがたったいま口にしたことは、何という忌まわしいことでしょう。二度とそんなことは私に言わないで下さい。このことを私はだれにも言いません。私はこのことが私の口を渡って他の人に行くようなことはさせません」。バタは荷物を持ち、畑へ行った。彼は兄のところへ行き、二人は仕事をつづけた。

夕方、アヌビスは家へ入った。しかしバタは残って、うしろで牛を洗った。彼は畑から持ってきたあらゆるものを肩にのせ、牛を村に曳いてゆき寝かせた。

しかし、アヌビスの妻は自分の言ったことについて恐れをいだいていた。彼女は脂とぼろきれ（？）を用いて、あたかも彼女が打たれたかのように装った。「あなたの弟は私を打ちました」と夫に言いたいと考えていたからだった。

いつものようにアヌビスは帰り、家に入った。すると彼は、妻が病気だといって横になっているのを見た。彼女はいつものように、彼の手に水をかけて洗うということをしなかった。彼女は彼のためにランプに火を点けることもせず、家の中は暗闇だった。そこに彼女は横になっていて、吐いた。「あんたに話しかけたのはだれだい？」

と夫はたずねた。彼女は答えて言った。「私に話しかけたものは、あなたの弟以外にはおりません。あの人は種を取りに帰ってきて、私が一人で坐っているのを見ると、私にこう言ったのです。『さあ、一緒に寝て一ときを過そう！　髪をかぶりなさい！』。あの人はそう私に言ったのです。でも、私はあの人の言うことに耳をかしませんでした。『御覧なさい。私はあなたの母のような者ではありませんか。あなたの兄さんは父のような者ではありませんか』。私はあの人にそう言ったのです。すると、あの人はぎょっとしました。あの人は私を打ちました。口に出して言えないほどでした。そういうわけですから、あなたがあの人を生かしておくのでしたら、私は死んでしまうでしょう。ですから、あの人が今夜家へ帰ってきたとき、あの人の言うことを聞かないで下さい。というのは、あの人が果そうとして私に持ち出してきた邪な話を思うと、私は気分がわるくなってしまいますから」。

アヌビスは豹のように怒った。彼は槍を研いで、手に持った。彼は、弟が牛を家の中へ入れようとして家へ入ってきたときに弟を殺すために、牛舎の戸のうしろに身を潜めた。日が沈むと、バタはいつものようにあらゆる種類の草を肩にのせ、家路についた。先頭の牛が牛舎に入ると、その牛は牛飼人に言った。「御覧なさい。あなたの兄さんはあなたを殺すために、槍を手に、あなたの前にいます。走って逃げなさい」。バタは牛の言ったことを聞いた。次の牛が入ってきて、同じことを言った。そこで彼は牛舎の戸の下を見た。すると、彼は兄の足を見た。兄は槍を手に、そこに立っていたからである。バタは荷物をおろして、走り出した。アヌビスは槍を手に、彼のあとを追った。

そのとき、バタはラア・ホルアクティの名を呼んで言った。「わが偉大なる神よ！あなたは真実と偽りを区別してくれる神です」。神は彼の祈りを聞き、バタと兄とのあいだに、鰐の一杯いる湖を創った。二人は湖の両側に分れて立った。アヌビスは二回手を叩いた。弟を殺すことに成功しなかったからである。バタは湖の対岸から叫んだ。「明日の朝までここにじっとして居て下さい。太陽が昇ると、太陽の前で私は審判されるでしょう。そして、太陽は嘘つきを真実の人に引き渡すでしょう。私はもうこれ以上あなたと一緒にはいません。私は松の谷へ行きます」。

次の日になり、太陽が昇った。バタとアヌビスは、そこに互いを見つめ合いながら立っていた。バタは兄に向って言った。「嘘の話のために、そして私の言うべきことを聞かないで、どうして私を追いかけて殺そうとするのですか。まことに、私はあなたの弟です。あなたは私にとって父でした。あなたの妻は私にとって母でした。種を取ってこいといってあなたが私を家へ差し向けたとき、あなたの妻は私に言いました。『さあ、一緒に寝て一ときを過しましょう！』。しかし、彼女がいかにその話をねじまげて別の話にしたかを、御覧になって下さい」。それから、彼は彼と義理の姉とのあいだに起ったすべてのことを報告した。そのとき、彼はラア・ホルアクティの名にかけて誓い、こう言った。「嘘の話のために、姦婦の陰門に唆《そその》かされて、槍を手にして、あなたは私を殺そうとしている、ということを考えてみて下さい」。それから、彼は鋭利な葉を一枚取り、おのれの陰茎を切り落し、水中に投げいれた。するとアローサ〔このしろと近縁の魚〕がこれを呑みこんだ。

バタは弱くなり、みじめになった。兄は、心の病いが重くなった。彼は、弟のいる湖の対岸へ、鰐がいるために渡ることもできず、大声で泣いて立っていた。バタは彼に向って叫んだ。「あなたは善いことを考えないで、私があなたのためにしたことの一つすらも考えないで、邪なことのみを考えました。家へ帰って下さい。そして牛の世話をして下さい。というのは、私はもうあなたと一緒には暮さないのですから。私は松の谷へ行きます」。

アヌビスは家へ帰った。そして妻を殺し、彼女を犬に投げ与えた。それから、彼は坐り、弟のために涙を流した。

バタは実際に松の谷へ行った。そして、同地で、一連の劇的な物語が始まるのであるが、これは別の話である……〔松の谷での一連の物語の全訳は酒井傳六著『古代エジプト動物記』文藝春秋社の「犬の章」に出ている〕。

セトネとタブブ

正妻以外の女性と交わりを持った男は面倒な目に会うかもしれなかった。たとえば、セトネは、もし賢人プタハホテプの忠告に注意を払ったならば、もっとうまく暮したであろう。

主人として、兄弟として、あるいは友人として行く家で友好関係を維持しようと望むなら、女性に近づくことに用心しなさい。そのようなことの為される場所に行くのはよろしくない。それらのことを隔てるのに策略はほとんど要らない。おのれの楽しみのために千人もの男が迷いこむかもしれない、夢のような一瞬のために、あなたはそれらのことを知りつつ、死に近づく。

美人タブブに対するセトネの欲情はもう少しで悲惨な結末を見るところだった。物語はカイロ・パピルス三〇六四六[32]に書かれている。これは、プトレマイオス期の、紀元前一世紀のいずれかの時に書き写されたものである。セトネは、ほぼ一千年も前にエジプトを統治したラムセス二世の多くの息子の中の一人であった。彼は祭司であった。彼は魔法使いであるという評判を得ていた。実際、タブブとの情事の原因は、魔法に対する彼の興味にあった。ネネフェルカプタハという名

エロチックな護符．
大英博物館．
同館提供

の彼の同僚は、苦しい情況のもとに、魔法の神であるトトによって書かれた魔法の書を入手していた。セトネはそれを持ちたいと欲した。手はじめに、彼はそれを盗もうと試み、ついで、ネネフェルカプタハをおどしてそれを渡すように求める。ネネフェルカプタハは、もっと気取った解決法を提示する。セトネがチェスの試合を試み、勝ったらそれを獲得する、というのである。魔法使いであるなら勝利は容易であるはずだが、二人とも同じように巧妙であった。結局、セトネは魔法の書を手に入れることに成功する。この事実を、彼は自慢しないではいられなくなる。彼はファラオにさえもそのことを話す。するとファラオはそれを元の持主に返すように忠告する。セトネはそれを拒絶する。彼は歩き廻って魔法の書について大声で語りつづけた……。

ある日、セトネはプタハ神殿の前庭を歩きまわっていた。すると、非常に美しい女性が眼に入った。外観が彼女に及ぶ女性はいなかった。彼女は美しかった。彼女はたくさんの黄金の装飾品を付けていた。彼女のうしろに、彼女の家から来た数人の召使いの女と二人の召使い男が付いていた。彼女を認めた瞬間、彼は自分がどこにいるかを忘れた。彼は従者を呼んで、言った。「あの女性のいるところへ急いで行きなさい。そして、彼女がどういう立場の人か、調べてきなさい」。従者はその女性のいるところへ急いで行った。彼女に付添っている召使い女に声をかけて、たずねた。「このひとはどういう女性ですか」。彼女は言った。「このかたはタブブです。アンクタウイの女神バステトの祭司の娘です。あのかたは大神プタハに礼拝するためにここへ来たのです」。

従者はセトネのところへ戻り、彼女から聞いた言葉をすべて彼に伝えた。セトネは彼に向って言った。「行ってあの召使い女に言いなさい。『ここへ私をよこしたかたはセトネ・カエムワセです。王ウセルマラの息子です。彼は一時間彼と一緒に寝るなら黄金十片を渡すと申しております。そして、これであなたのほうに不服がありますか、と申しております。私はあなたのために事をまとめてあげます。私は、地上のだれ一人として知ることのない場所にあなたをお連れ申します』」。

従者はタブブのいるところに戻った。彼は召使い女に声をかけて、右のことを話した。彼女は叫び声をあげた。彼の言ったことは侮辱に当るとでもいった有様であった。

タブブは従者に言った。「あの愚かな召使い女に話しかけるのはやめなさい。私のところへ来て話をしなさい」。従者はタブブのところへ急いで行き、彼女に向って言った。「私は黄金十片をあなたに差しあげます。一時間、王ウセルマラの息子セトネ・カエムワスと一緒に寝て下さい。彼はあなたのほうに不服があるなら、彼は事をまとめてあげます。彼はあなたを、地上のだれ一人として知ることのない場所にお連れします」。

タブブは言った。「帰ってセトネにこう言って下さい。『私は祭司職にある身です。私は低い身分の者ではありません。あなたが私に対して欲していることをなしとげたいと望むなら、あなたは、ブバスティスの私の家に来なくてはいけません。そこは家具もよくそろっています。あなたは私に対して欲することを何でもできます。地上のだれにも私の姿を見られずに、また街頭の女のような行いを私がしないですみます』」。

従者はセトネのところへ帰って、彼女の言ったことすべてを伝えた。セトネは言った。「まさに願ったとおりだ!」。セトネのまわりの者はすべて憤慨した。

セトネは一隻の小舟を持って来させた。彼はそれに乗り、ブバスティスへ急いだ。郊外の西に来たとき、まわりに壁をめぐらし、北に庭をそなえ、入口の近くにベンチを置いた高い家を彼は発見した。「これはだれの家だろうか」とセトネはたずねた。「これはタブブの家です」と彼らは言った。彼が庭の倉庫の前に来ていたので、彼らは彼の来たことをタブブに告げた。彼女は降りてきて、セトネの手を取って言った。「アンクタウイの女神バステトの祭司の家にあなたがきてくれて幸せです。あなたが私と一緒に二階へ上って下さるなら非常によろこばしいことです！」。

セトネはタブブと一緒に階段

55
テーベの墓（現在では消失）出土の木版画．新王国時代

を昇った。家の二階は掃除して飾ってあった。床はまことのラピス・ラズリとまことのトルコ石で飾ってあった。多くの長椅子があちこちにあり、最上のリネンが布いてあった。多くの黄金の杯がテーブルに置いてあった。一つの黄金の杯が葡萄酒でみたされ、セトネの手に置かれた。タブブは彼に向って言った。「どうぞ、何か召しあがって下さい」。彼は彼女に向って言った。「そういうことはできません」。火桶に香料がくべられ、ファラオの下賜品に似た香油が彼のところへ運ばれた。セトネはタブブとともに楽しんだ。彼は、それまでに彼女に及ぶ者を見たことは一度もなかった。

セトネはタブブに言った。「私がここへ来た目的のことを致そうよ」。しかし、彼女は答えて言った。「御自分の家へ帰って下さい。私は祭司職にある身です。私は下層の者ではありません。あなたが私に対して欲することをしたいとお望みなら、私のために、扶養証書と、あなたに属するすべてのものを現金化して報酬とするという証書を作らねばなりません」。セトネは命令して言った。「学校教師を呼んで来なさい！」。直ちにその人は連れて来られた。彼は扶養証書と、彼に属するすべてのものを彼女のために現金化して報酬とするという証書を作った。

このとき、彼らはセトネのところへ来て告げた。「あなたの子供たちが階下に来ています」。彼は言った。「子供たちを二階へあげなさい！」。タブブは立ち上り、最上のリネンの衣服を身につけた。セトネは彼女の全姿態をその衣服を通して見ることができた。彼は前よりも一層はげしく彼女に対して欲情した。彼は言った。「タブブよ、私がここに来た目的のことを致そうよ！」。しかし彼女は答えて言った。「御自分の家へ帰って下さい。私は祭司職にある身です。私は下層の者ではありません。あなたが私に対して欲することをしたいとお望みなら、あなたの子供たちをして私の証書に署名させなくてはいけません。あなたの財産に関して彼らが私の子供たちと争うようなことのないようにして下さい」。セトネはおのが子供たちを連れてきて、証書に署名させた。それから、彼は言った。「タブブよ、私がここへ来た目的のことを致そうよ！」。しかし、彼女は答えて言った。「御自分の家へ帰って下さい。私は祭司職にある身です。私は下層の者ではありません。あなたが私に対して欲することをしたいとお望みなら、あなたの子供たちに死んでもらわなくてはいけません。あなたの財産に関して彼らが私の子供たちと争うようなことのないようにして下さい」。セトネは言った。「むかつくようなその考えを実行させましょう！」。そこで、タブブは彼の眼の前で彼の子供たちを殺させた。彼女は彼らを窓から投げ捨てさせ、犬と猫に与えた。犬と猫はその肉を食べた。セトネは坐ってタブブと酒を飲んでいるときに、犬と猫の食べる音を聞いた。

それから、セトネは言った。「タブブよ、私がここへ来た目的のことを致そうよ！あなたの言うことを、みんな私は実行しましたよ」。彼女は言った。「私と一緒に倉庫のところまで来て下さい」。セトネはそこへ行った。彼は象牙と黒檀の長椅子の上に横になった。彼の望みはいよいよ満たされるはずであった。タブブは彼のわきに横になった。彼は手を伸ばして彼女に触れた。すると彼女は大きな叫び声をあげて口を広く開いた。

セトネは非常に熱した状態で眼覚めた。彼の男根は勃起していた。そして、彼は身に一糸もまとっていなかった。

そのとき、セトネは天蓋付きの輿《こし》に乗って動く一人の貴人を見た。彼のわきを多くの人が付きそって走っていた。男はファラオのようにみえた。セトネは立ち上ろうとしたが、恥しさのためにそうできなかった。というのは、彼は身に一糸もまとっていなかったからである。ファラオは言った。「セトネよ、お前は何という姿をしているのか！」。セトネは答えて言った。「こういうことすべての原因はネネフェルカプタハにあります！」。ファラオは言った。「メンフィスへ行きなさい。お前の子供たちはお前を必要としている。彼らはファラオの前で彼らの身分を守っている」。セトネは言った。「おお大王さま。ラアのお命が陛下にありますように。身に一糸もまとわずにどうしてメンフィスへ行くことができましょうか」。ファラオはそばにいた召使いに命じて、セトネのために衣類を持って来させた。ファラオは言った。「セトネよ、メンフィスへ行きなさい。お前の子供たちは生きているぞ。彼らはファラオの前で彼らの身分を守っている」。

メンフィスへ着くと、セトネは子供たちを抱きかかえた。子供たちが生きていたからである。ファラオは言った。「私が前にお前を見たとき、お前は酔っぱらっていたのか」。セトネはタブブとネネフェルカプタハを相手にして起きたすべてのことを彼に話した。ファラオは言った。「セトネよ、私は以前お前に言ったぞ。魔法の書を、お前が手にした場所に戻さなければ、彼らはお前を殺すだろう、とな。お前は、この時に至るまで、私のいうことを聞かなかった。魔法の書をネネフェルカプタハに返しなさい」。

そこで、セトネはそのようにした。

以上にあげた物語はほとんど全体が保存されてきた。パピルスは脆い材料なので、断片だけが砂の中で千年も後まで生きのびたという場合もしばしばである。しかし、最も小さな断片といえども、新しい文学ジャンルに門を開くことになるかもしれない。だから、ある想像力をもってすれば、次のようなエロチックな物語の断片の始めと終りの部分を思い描くということもたぶん可能である。

牛飼人と女神

物語はベルリンのパピルス三〇二四(33)で発見されている。書かれたのは紀元前一九〇〇年―一八〇〇年ごろである。同じ巻物は別のよく知られたテキスト、「人生に疲れた男」をおさめている。牛飼人の物語のうち、わずか二十五行だけが残っている。牛飼人は牛をつれて野へ行ったが、おどろくべき光景を眼にしたのである。彼が仲間に話しているとおりに、物語にはいることにする。

「この低い土地の境となっている沼地に降りてゆくと、何ということか、私はそこに一人の女性を見た。彼女は普通の人間のようには見えなかった。彼女の房々とした頭髪を見たとき、わが頭髪は直立した。というのは、その色は余りにすべすべしてい

56　テーベのネフェルホテプの墓（49号墓）の壁画．第18王朝

たから。彼女が唆かしたことを何ひとつ、私は決してしないだろう。私は彼女に恐れを抱いた」。〔語り手は牛飼人に牛を連れて家へ帰るように促す。たぶん、そのことを忘れさせるためである。しかし……〕朝早く大地が明るくなったとき、彼の言ったことが起った。女神は池で彼を見た。そして彼女は衣類を脱ぎ捨て、頭髪を乱し……。

「真実」と「虚偽」

紀元前一三〇〇年ごろに書かれ、大英博物館に所蔵されているパピルス一〇六八二(34)からは、次の物語が出ている。主要な登場者は神々でもなく人間でもなく、二つの抽象的な思想である。ただし、両者は非常に人間的な感情をそなえている。「虚偽」はナイルを弟の「真実」に貸し、それを返してくれと求める。「真実」は拒んだにちがいない。なぜなら、「虚偽」は彼を法廷に訴えるからである。裁判官は大エネアド（九神）のメンバーであり、われわれは前に彼らに会っている。「虚偽」は、「真実」が「虚偽」の両眼を取り外して門番にしたと述べ、エネアドはこれに同意する。これでは十分でないかのように、「虚偽」は「真実」をライオンに投げ与えるようにと説く。しかし、「真実」は巧みに逃げ、数日のあいだ砂漠をさまよい歩く。すると、予期しないことがおきる。

つづく日々の中のある日、一人の貴婦人が召使いをつれて自分の家を出た。彼女らは「真実」が丘の麓に横たわっているのを見た。彼は美男であった。国中に二人といない美男であった。召使いたちは女主人のところへ急いで行き、言った。「来て見て下さい。盲目の男が丘の麓に横たわっています。彼を連れて帰りましょう。そして、彼を私たちの門番にしましょう！」。女主人は答えて

57　オストラコン．カイロのエジプト博物館11198．新王国時代

言った。「行って彼を連れて来なさい。私が見ますから」。彼女らは彼を連れに行った。貴婦人は、彼を見たとき、非常に、非常に強く、彼を欲した。というのは、彼女は彼がいかに美男であるかに気付いたからである。

その夜、彼は彼女と一緒に寝た。そして、彼は、男が女を知るように彼女を知った。その夜、彼女は小さな男子を身ごもった。

この時から多くの日々が過ぎて、彼女は一人の男子を生んだ。国中に二人といない男子であって、若い神のようにみえた。

ある日、彼の学校の仲間が彼に向って言った。「君はだれの息子だい？　ほんとは、君にはお父さんがないんだ！」。それから、少年は母に向って言った。「私のお父さんの名は何ていうの？　私はその名を学校の仲間に言ってやりたいんです。なぜって、あの子たちは私をいじめてこう言うんです。『お前のお父さんはどこにいる？』そう言うんです。そして私を苦しめるんです」。すると、母は答えて言った。「あそこの入口に盲目の男が見えるでしょう。あの人があなたのお父さんです」。そこで少年は母に向って言った。「私たちは家族会議を開かなくてはなりません。そして、鰐を一匹連れて来なくてはなりません！「恥かしいことに門番と一緒に寝たあなたを捕えさせるために」。少年は父に接するため、父のところへ行った。彼は父を椅子に腰かけさせ、足の下に床几《しょうぎ》を置いた。少年は父にパンを与え、飲みものを飲ませ、食べ物を食べさせた。それから彼は父に向って言った。「あなたを盲目にしたものはだれですか。私はその仇を討ちます」。父は言った。「私の弟が私を盲目にしたのです」。それから、彼は起きたことすべてを語った。そこで、少年は父の仇を討つために行った。

少年は「虚偽」の家畜番を説得して少年の飼牛の中の一頭を監視してもらう。その牛は非常に立派だったので、「虚偽」はそれを盗み、その代りに別の牛を入れておく。こんどは、「虚偽」が法廷に呼び出される。彼はもし「真実」が生きているときにのみ、おのれの両眼を取り外してもらうと誓う。これは実際におき、加うるに、「虚偽」は百叩きの罰を受け、「真実」の家の門番にさせられる。

ファラオは、しばしばエジプトの物語に、名前のついていない王として、あるいは実際の名のもとにあらわれている。ファラオがウェバオネルの妻とセトネとタブブの物語でいかに小さな役割しか果さなかったかということは、すでに示した。しかし、時としてファラオは主人公となった。たとえば、スネフル王は女性の美しさを賞讃した。この詩的な話はウェバオネルの妻の物語をおさめているのと同じ手稿の中に見出される。この二つの物語は、大ピラミッドの建造者クフ王に向って語られた珍しい事件に関するものである。

スネフル王と二十人の乙女

スネフル王は何か楽しいことはないかと、王宮のすべての室を歩きまわった。しかし、彼は何ひとつ楽しいことを発見できなかった。そこで彼は言った。「行ってジャジャエムアンクを連れて来い！」。

その魔法使いは直ちに王宮にあらわれた。王は彼に向って言った。「何か楽しいことはないかと、王宮のすべての室を歩きまわったが、何ひとつ楽しいことを発見できなかった！」

ジャジャエムアンクは答えて言った。「王宮の湖へ行きまして舟を注文し、王宮から数人の乙女を呼ぶことをおすすめします。彼女らが舟を漕ぐ姿は陛下を楽しませるかと存じます」。

王は言った。「そうだ。舟遊びをすることにしよう。黄金で飾った二十本の櫂を私のところへ運ばせてくれ。美しい四肢と胸と編んだ頭髪をもつ二十人の乙女と子供を生んだことのない乙女二十人をよこしてくれ。それから、二十枚の漁撈網も届けてくれ。網は、乙女たちが衣類を脱ぎ捨てたときに、彼女らをゆるやかに覆うようにしてくれ」。

それから、まさに王の命ずるままに事は運ばれた。乙女たちは漕いだ。王は彼女らが漕ぐのをみて幸せであった。ところが、突然、舵柄《だへい》のところにいて舟の舵を取っていた少女の編んだ頭髪の中に何かが引っかかった。それは彼女のトルコ石の護符だった。彼女はそれを取り外したが、水の中へ落した。彼女は舵とりをやめた。すると、舟の上のすべての女たちが漕ぐのをやめた。

王は言った。「なぜやめるのか」。

彼女らは答えて言った。「舵の柄のところにいる少女が舵とりをやめたからでございます」。

王は舵の柄を預かる少女にたずねた。「なぜ舟の舵とりをやめたのか」。するると少女は答えて言った。「私の護符が水の中に落ちたのでございます」。王は言った。「私が、そっくりのものを一つあげるよ!」。しかし少女は答えて言った。「私自身のものが欲しいのでございます。別のものでは欲しくないのでございます」。

そこで、王は使者に言った。「行って魔法使いのジャジャエムアンクを連れて来なさい」。直ちに魔法使いは王の前にあらわれた。

王は言った。「親愛なるジャジャエムアンクよ。お前のいうとおりのことを私はした。乙女たちの漕いでいるのを見るのは幸せなことだった。すると、舵柄のところにいた乙女の新しいトルコ石の護符が水の中へ落ち、彼女は舟の舵とりをやめた。私は彼女にたずねた。『なぜ舟の舵とりをしないのか』。彼女は答えて言った。『私の新しいトルコ石の護符が水の中に落ちたのでございます』。そこで私は彼女に言ってやった。『舟を進めなさい。そうすればそっくりのものを一つあげる』とね。ところが彼女はこう言った。『私は他のものは欲しくありません。私は私自身のものが欲しいのでございます』」。

すると、ジャジャエムアンクはいくつかの魔法の言葉を唱えた。そして彼は、水の半分を折って別の半分の上に乗せた。すると、少女の護符があらわれた。それは、水が取り去られたあとの湖の底の、こわれた壺の上にあった。魔法使いは護符をつまみあげ、その持主に返した。しかし、通常は深さ一二キュビットの湖は、中央で折りたたまれているので、今は深さ二四キュビットになっていた。

すると、もう一度、ジャジャエムアンクはいくつかの魔法のことばを唱えた。そして、彼は水を本来の位置に戻した。

このようにして、王は結局のところ楽しい時間を持った。王宮のすべての者もそうだった。そして、その日の終りに、魔法使いジャジャエムアンクは贈物によって報酬を受けた。

さて、これがスネフル王の時代に起きた不思議な出来事でありました。(35)

これとはきわめて異なる物語が、スネフル王より約三百五十年あとに生きたネフェルカラ王に関して語られた。この王はペピ二世としてのほうがよりよく知られている。伝承によれば、彼は六歳のときに即位し、九十九年を下らない歳月にわたって統治した。彼が次の物語のように、私生活にある変化を求めたというのは、少しも不思議ではない。この物語は第二十五王朝期（紀元前七〇〇年ごろ）にパピルスに書かれたもので、今日ルーヴル美術館（E二五三五一）[36]にある。物語の始まりの部もまた新王国時代のタブレット（OIC一三五三九）に生き残っている。

ネフェルカラ王と彼の将軍

ヘヌトの息子でテティという名の男が、夜になると王が一人で外出するのを見る。

上下エジプトの王であるネフェルカラ陛下は、夜になると全く一人で、他にだれも伴わずに出かけた。テティは、王に気付かれないようにしながら

小彫像．大英博物館．同館提供

58　デイル・エル・メディナ出土のオストラコン．カイロのフランス・オリエント考古学研究所3062．新王国時代

動いた。彼は立ちどまって、独り言をいった。「まさにその通りだ。彼らが『王は夜になると外出する』と言っているのはほんとうのようだ」。

ヘヌトの息子、テティは、王が何をしようとしているかを見届けるために、良心の呵責もなしに、王のあとを追跡した。王は将軍シセネの家の前に着いた。王は煉瓦を一つ投げ、足を地に踏んで鳴らした。すると、梯子（？）が彼のためにおろされた。王はそれを昇っていった。一方、テティは下で王が帰路につくのを待った。王は、将軍を相手に欲することをし終えたのち、王宮へ帰った。テティはそのあとについて行った。王が王宮へ入ったとき、テティは家に帰った。

陛下は夜の四時間が過ぎたのち将軍シセネのところへ行ったのであった。そして、彼はそこで別の四時間を過した。

それから、彼は、夜明けまでまだ四時間あるときに、王宮へ帰ったのであった。

愛の詩

エジプト人にとって、物または人の名は普遍的重要性をもつものであった。これは、言葉または絵に内在する魔法の力と関係があった。ヒエログリフの言葉は絵でできていて、この理由のゆえに、言葉と絵は固く結び付いていた。最も古い時代から、エジプト人は来世の安全な生活を確保するために、また神々と有利な関係を保持するために、言葉の魔法の力を用いた。讃歌、祈禱、きまり言葉が唱えられた。そうすると、全くの魔法によって、それらが現実を改変することができるのであった。新王国時代（紀元前一五八〇年－一〇八五年）に愛の詩が初めてあらわれたとき、既存の抒情的形式に容易に調和していった。詩は散文であって、韻律はない。しかし、あるリズムは存するのであって、言葉がどのようにに発音されていたかをだれも知らない今日ではそれを十分に鑑賞することはできないかもしれない。詩はシンボリズムを載せていて、多大の言葉の遊びがある。

使われた言葉は単純直截であって、少しも淫らなところはない。それは愛についての言葉であって、性交についての言葉ではない。したがって、詩は卑猥な神話上の物語とは違っている。これは、エジプト人がこの面における言葉を欠いていたということではない。「性交」行為を描く単語は少くとも一ダースは存するのである。

詩においては、愛し合う者の一方または他方が話す。あるいはその匿名の声を伝えるのは第三者すなわち「詩人」である。

ホルスとセトの争いを描いているパピルス（ダブリンのチェスター・ビーティ・パピルス）の裏面に、愛し合う人の幸せと絶望を描いた一連の詩がある。これは三千年前に書かれたものである。他の詩の場合と同様に、愛し合う者は互いに相手を「妹」「兄」と呼んでいるが、これは近親相姦とは絶対に無関係である。
詩の番号と第一行の一単語とのあいだに言葉の遊びがある。しかし、これは第一連を翻訳し終ったときに初めて効果的にあらわれる。

彼女は唯一の少女。彼女に比ぶべきものはいない。
彼女は他のいかなる人よりも美しい。
御覧、彼女は幸せな新年の日に
あらわれる星の女神のようだ。
輝いて白く、明るい膚色。
見つめる美しい眼。
話す濡れた唇。
彼女は余計な一言というものを言わない。
長い頸、白い胸。
まことのラピス・ラズリのような髪。

黄金よりも輝かしい腕。
睡蓮の花のような指。
豊満な尻と帯で締めたウエスト。
彼女の腿は美を示す。
彼女はきびきびした足どりで大地を歩む。
彼女に抱擁されて私の心は捉えられた。
彼女は、すべての男をふりかえらせて、
彼女を見つめさせる。
人びとは彼女の通りゆくのを見つめる。
この唯一のもの、この無類なる唯一のもの。

わが兄はその声でわが心を乱す。
彼は私をほとんど病人のように感じさせる。
彼はわが母の隣人。

なのに、私は彼の家へゆくことはできない。
わが母はうまくふるまい、彼にこう言う。
「彼女を見つめるのはよして下さい！」
と申すのは、御覧、私は彼のことを思うと心が痛み、
彼を愛するようになったからだ。
御覧、彼は正気を失った。
だが私のほうは――私も彼と同じだ。
彼は、彼を抱擁しようとする私の欲望を知らない。
そうでなければ、彼はわが母に使いをよこすだろう。
おお兄よ、女性のための黄金の女神は、
私をあなたに向って運命づけた。
私のところへ来て、その美しさを私に見せておくれ。
わが父も母も喜ぶだろう。
すべての人が一致してあなたを見て歓ぶだろう。

59　デイル・エル・メディナ出土のオストラコン．個人コレクション．新王国時代

おお兄よ、彼らはあなたを見て歓ぶだろう。

わが心はその（？）美しさを見ることを知らなかった。
私がそこに坐っていたとき。
だが、そのとき、メヒが若い仲間と一緒に、
路上で馬に乗るのを私は見た。
彼の前でいかにふるまうべきかを私は知らなかった。
早足で彼のそばを通りぬけるべきだろうか。
あるいは、河を渡って逃げるべきだろうか。
私はわが足をどこに置くべきかを知らなかった。
わが心よ、お前は何という愚かものだ。
なぜ、メヒから走り去ろうとするのか。
御覧、私が彼の前を通りすぎるなら、
何がおきているかを彼に伝えよう。

「御覧、私はあなたのもの」と私は彼に言おう。
すると、彼は私を誇りに思い、
彼に奉仕する者たちのうち、
最上の女性部屋に私を割り振るだろう。

あなたへのわが愛を思うとき、
わが心は迅く飛ぶ。
わが心は、人間のように歩くことを私に許さない。
わが心は、その地位によって神聖である。
なぜなら、私はチュニックを着ることも、
ガウン（?）を着ることもできない。
私は眼をあげることも、
身に香油を塗ることもできない。
「そこに立っていてはならない。家に行きなさい！」

私が彼を思うとき、わが心は必ず私にそう言う。
わが心よ、愚か者であるように装うな。
なぜ、愚か者のまねをするのか。
兄があなたのところへ来るまで静かに坐っていなさい。
わが眼は同じように生気がない（?）
人びとに言わせてはならない。
彼女は愛に狂った女である、と。
彼を思うときはいつも動かずにいなさい。
おおわが心よ、飛んではいけない！

私は黄金の女神を崇拝し、彼女を賞讃し、
天の貴婦人を賞揚し、
ハトホルに賞讃を捧げ、わが恋人に感謝する。
私は彼女に訴え、彼女は私の訴えを聞いた。

彼女はわが恋人をわれのもとに差し向け、
わが恋人は自ら私のところへ会いに来た。
私におきたことは何とすばらしいこ
とか。
私は歓喜し、有頂天になり、おのれ
を重要と感ずる。
「見よ、ここに彼女がいる」という
ことばを聞いてからは。
見よ、彼女が来るとき、若者たちは
おじぎをする。
なぜなら、彼らは彼女を非常に強く
愛しているから。
私は女神に懇願する。
わが妹を贈物として私に下さるよう

60　デイル・エル・メディナ出土のオストラコン．パリのルーヴル博物館 E．12966．新王国時代

にと。
わが祈りのなかで私が初めて彼女の名を挙げたときから、
昨日で三日になった。
しかし、彼女は五日このかたここに来ていない。

私は彼の家のそばを通った。
家の戸は開かれていた。
わが兄は、彼の母と姉妹と兄弟のそばに
立っていた。
そこを通る人びとはすべて彼を見て狂喜した。
類いなく美しい若者、
すぐれた性格の男、を見て。
私がそばを通ると、彼は私を見た。
私はただひとりで歓喜した。

おおわが兄よ、いかに私は倖せだったことか。
なぜなら、あなたが私を見たのだから。
もし母が私の心を知ってさえくれたなら、
彼女は私に賛成しただろう。
おお黄金の女神よ、彼女に理解させせよ。
そうすれば、私はわが兄のもとに急いで行く。
彼の友人たちの前で私は彼に接吻するだろう。
私はだれのためにも泣きはしない。
あなたが私を知っていることを、
彼らが気付くことに、私は歓喜するだろう。

わが女神のために私は祝宴を開く。
わが心は震え、飛び去ろうと望む。
わが兄は今宵私を見つめるだろう。

61　デイル・エル・メディナ出土のオラコン．カイロのフランス・オリエント古学研究所3971．新王国時代

夜を過すことは、何と倖せなことか！
私がわが妹を見た時から昨日までで七日になる。
私は全く病人のようになっている。
わが四肢は重たく、私はわが肉体を忘れている。
医者が来ても、いかなる薬も私を治せはしない。
朗誦祭司といえども治療法を知らない。
わが病いにはいかなる診断もつかないのだ。
私が言ったことは、私を生気付ける。
彼女の名は、私の足をとらえることができる。
彼女の使者が行ったり来たりすることは、
わが心を生気付ける。

いかなる薬よりも私に効くのはわが妹。
いかなる医書よりも私に重要なのはわが妹。

私を救うのは彼女の来訪。
彼女を見ると、私は元気になる！
彼女が眼を開くと、私は強くなる！
私が彼女を抱擁するとき、彼女はあらゆる災いを私から追い払う。
しかし、彼女は七日間というもの去ったままだ。

（チェスター・ビーティ・パピルスI、裏面、C1～C5の2）(37)

〔右の詩は全体が七連でできているが、各連にその序数を示す単語が冒頭の行と末尾の行にある。第一連については、冒頭行と末尾の行に「一」の単語がある。第二連以降は同音異義の単語を用いることによって序数を示している。すなわち、第二連の第一行にある「兄」は「二」を示す単語と同音であり、その「兄」は末尾の行にも出ている。以下の各連にも、このような遊びがつづいている〕

同じパピルスにある二篇の詩では、愛人たちではなくて詩人が語っており、愛するひとのもとに急げと若者を励ましている。

おお、妹のもとに急ぎなさい。
通信内容を早く聞きたいがために、
じりじりして使者を王が待つときの、
王の使者のように。
この使者のためにすべての厩《うまや》が用いられ、
彼はすべての休憩地に馬をそなえている。
戦車はそれぞれの場所で馬具を装着している。
彼は途中で休むことはできない。
彼が愛する者のところに着くと、
彼の心は歓喜する。

おお妹のもとに急ぎなさい。
あらゆる種類の一千頭の種馬の中から選ばれた、
あらゆる厩の中の最上のものである、

王の種馬のように。
それは最良の飼葉をもち、
王はその場所を知っている。
それが鞭音を聞くとき、
何ものもそれを押しとどめることはできない。
それを扱うことのできる、
御者は一人もいない。
妹の心はよく知っている。
彼が遠くにいるのではないことを。

おお、妹のもとに急ぎなさい。
砂漠を跳ぶガゼルのように。
ガゼルの足は疲れ、その四肢は弱っている。
狩人がそれを追いかけている。

そして、幾匹もの犬が彼とともにいる。
しかし、彼らはガゼルの土煙を見ない。
ガゼルは休息の場を見つけたのだ。
ガゼルは川のほうに行ったのだ。
御身はその穴に着くだろう。
御身の手が四度接吻されるより前に。
御身は妹の愛を求める。
黄金の女神は、彼女を御身に渡すように決めた。
おお、わが友よ。
(チェスター・ビーティ・パピルスI、裏面、G1の1~G2の5)(37)

恋する若者は突進する使者に比べられている。彼は押しとどめることのできない種馬のようであり、疲れのために倒れるまで追われるガゼルのようである。「御身はその穴に着くだろう」と詩は言っている。あるいは、たぶん、それは「彼女の穴」であろう。なぜならエジプト語では代名詞は両者の場合とも同一だから。「二重語義」はきわめて熟慮された上でのものである。穴は、若者を待つ歓楽についての慎重なヒントである。

チェスター・ビーティ・パピルスIはまた、もっと古い時代の巻物から書き写したさまざまな詩を含んでいる。その標題は次のとおりである。「墓地職員ソベクナクトによって書かれ、巻物容器の中から発見された、甘美な詩のはじまりの部」(38)

あなたが妹の家に行き、
彼女の穴に向って攻撃するとき、
その門は高くされている。

H

62　デイル・エル・メディナ出土のオストラコン．カイロのフランス・オリエント考古学研究所3793．新王国時代

その女主人はそれを浄め、
口蓋の歓喜をそこに備え付けた。
すなわち、特別に貯蔵されたみごとな葡萄酒を。
あなたは彼女の五感（?）を狼狽させるが、
夜になってあなたが彼女にこう言うとき、それもとまる。
「しっかり私をつかまえていて下さい。
暁が来たときこのような形で横たわっているために」。

あなたが妹の室に行くとき、
彼女がただ一人でいて他にだれもいないとき、
あなたは掛け金を用いて欲することをすることができる。
空が降りてきて風に混じるとき、
吊り下げたドアはパタパタと鳴る。
しかし、ドアが外れて消えるわけではない。

彼女が豊富な香料を持参するとき、
並居る人びとを窒息させるのはその芳香。
あなたの一生のおわるときまで、
報いとして彼女を送ってくれたのは黄金の女神。

何と妹は輪を投げることに器用なことか。
彼女は牛飼いの娘ではありません。
しかし彼女はその頭髪によって私のうしろから輪を投げます。
その眼によって私を捕え、
その尻によって私をしばりつけたのち、
彼女は彼女の印《しるし》を私に押します。

「彼女の後を追え！　彼女の抱擁は私のもの！」
とあなたがおのれの心に言うとき、

アメンの神にかけて！　あなたのもとに来たのは私です。
ガウンに腕を通して来た私です。

運河の向う岸に私は兄を見付けました。
一方の足を水にひたしていました。
彼はビールの飲み仲間を相手に、
飲み競べをして日を過しています。
彼は執拗に（？）吐きつづけて、

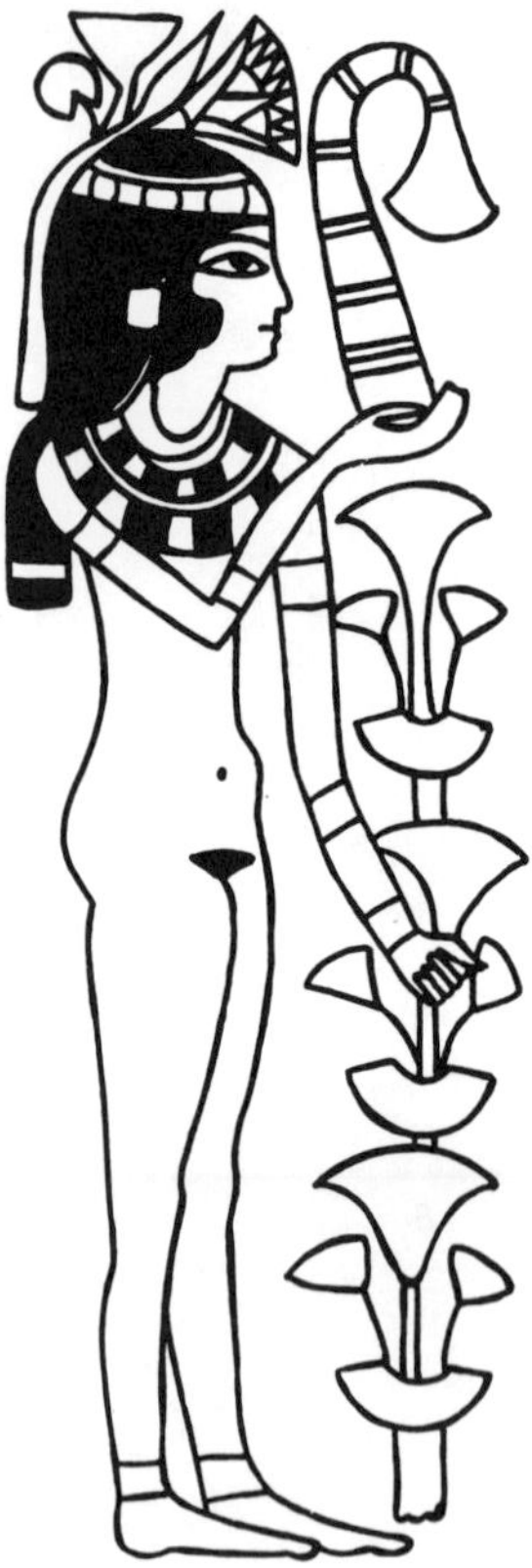

64　テーベのネフェルホテプの墓（49号墓）の壁画．第18王朝

63　鏡箱に描かれた画．カイロのエジプト博物館ＣＧ44101．第21王朝（右ページ）

私の頬に色を付けます。

妹が私に何をしたかについては、
彼女のために黙っているべきでしょうか。
自分は家の中に入ったのに、
私を戸口に立たせたままにした、ということを。
彼女は「ようこそ」とも言わず、
夜じゅう離れていたのです。

私に歌ってくれた女《ひと》は市長の子供たちの音楽室のタシュレでありました。
（チェスター・ビーティ・パピルスI、表面、XVIの9～XVIIの7(39)）。

後記は、これらの詩が実際に歌われたことを明らかにしている。また、これ一度きりのことだが、われわれは演じた芸術家の名を知っている。歌は、個人の家における来訪者をもてなすことを意図したものであったようにみえる。いくつかの「二重語義」は文中に、また行間に読みとられるが、それがどの程度まで意図的であったかという点は未解決の問題である。たぶん、古代の聴き手のほうもまた推測しているだけだった。

庭の持つ詩的な環境はさまざまの恋愛詩を喚かした。トリノのあるパピルス（一九六六号、表面）[40]は、果樹園の木々のあいだで、女主人がどの木に一番よく奉仕するかについて議論しているくだりを含んでいる。それは新王国時代の、紀元前一一七五年ごろのものである。

柘榴《ざくろ》は口を開いて言う。
「私の種は彼女の歯のようだ。私の果実は彼女の胸のようだ。
私は果樹園の中の首位のもの。なぜなら私はあらゆる季節を通して生きる。
妹はわが枝の下で兄と一日を過す。
葡萄と柘榴の酒に酔い、
樹脂の芳香をふりまかれて。

私以外のすべての木は牧草地で枯れる。
なぜなら私は十二カ月を全うし、留るから。
この花が落ちるなら、別の花が中から開いてくるだろう。
私はこの果樹園の中の首位のもの。
それなのに彼らは私を二番目に格付けする。
彼らがそのことをもう一度言うなら、
私は彼らについて黙っていることはもうやめるだろう。
見よ、彼らの悪行が明かになるとき、
恋人たちは教訓を与えられるだろう。
そして彼女は、睡蓮の花と蕾の茎を……しないだろう。
彼はビールを感じはじめる。
彼女は彼に楽しい一日を過ごさせる。
葦の家は番人の家のようだ。
『見よ、それは軽い』（と彼女は言う）。『来なさい。

それをパタパタさせましょう。それにまる一日を過させましょう。
つまりは、私たちに隠れ家を貸してくれるのは柘榴です』」。

イチジクの木が口を動かし、葉が語りはじめる。
「わが女主人の命令に服するのは何とよろしいことか。
彼女はまことの貴婦人。
召使いがいないならば、
私は奴隷になりましょう。
カルの国から愛の戦利品として運ばれてきたものとして。
彼女は果樹園に私を植えさせました。
しかし彼女は私が一滴の酒も口にすることを許しません。
酒を飲む日に、です。
彼女は私の腹を水袋から出した水で満たしてくれません。
彼らは楽しんでいて笑っているようです。

でも、私は飲みものを奪われています。
わが魂よ！　わが愛するものよ、彼女が前方に連れ出されますように！」

彼女がおのれの手で植えた小さなエジプト・イチジクの木が、
口を動かして語った。
その声は液状の蜂蜜のようで、美しい。
その葉は美しく、トルコ石よりも青い。
それは、碧玉よりも赤いエジプト・イチジクの実を付けている。
その枝はトルコ石のようだ。その皮はファイアンスのようだ。
その木は長石の色をしていて……
それは、貧しい者を惹きつけ、
その影は微風を涼しくする。
それは、庭師の親方の娘である
乙女の手を通して、ことばを伝える。

それは、彼女に向って愛する人のもとへ急げと告げ、次のように言う。
「来なさい。乙女たちの間で一ときを過しなさい。
牧場は晴れ上っている。
私の下に天蓋とテントがある。
あなたを見て、わが召使いたちは歓喜し、祝賀する。
持ちものを付けてあなたの召使いたちを先頭に出して下さい。
彼女たちは未だ飲んでいないのに、
酔っぱらって私のほうに走ってくる。

あなたの召使いたちは、
食糧を持ってやって来る。
ビールとパン、
昨日と今日の草と花束、
あらゆる楽しい果物を持って。

65　テーベのネフェルホテプの墓（49号墓）の壁画．第18王朝

66　デイル・エル・メディナ出土のオストラコン．トリノのエジプト博物館7052．新王国時代（左ページ）

来て、倖せの中に一日を過しなさい。
来る日も来る日も、たぶん三日のあいだ、
友達を右側に置いてわが影の中に坐って。
彼女は彼を酔わせ、彼のいうことを何でも行う。
ビールの穴蔵はいよいよ酔う。
しかし彼女は後ろに兄と一緒にとどまる。
彼女の衣服は私の下にあり、
妹は動いている。
しかし私は黙っていて、この眼で見たことを、
他人には言わないだろう。
彼らの唇が語ることもまた」。

花は次の一連の詩の発想を与えた。それらの詩は英語では表現しがたい言葉の遊びに大いに依存して

いる。手稿は紀元前一三〇〇年ごろに書かれたハリス・パピルス五〇〇〇〇号(41)である。

庭のスベリヒユ＊〔植物名〕よ。
わが心はあなたの心と同じようにあなたのために為したいと切望する。
私があなたの腕の中にいるときはいつでも、心の欲することを。
わが望みは眼にとっての絵具のようなもの。
私があなたを見るとき、輝きがわが眼に入る。
そこで私はもっと近づいてあなたを見る。
わが心の偉大なるものであるあなたを。
この一刻のいかに美しいことか！
永遠の中から一刻が私のもとに流れた。
私があなたと一緒に眠っているときに。
あなたはわが心を上に押しあげた。
悲しみよ来れ。歓びよ来れ。

いつまでも私から遠く離れないでお
　くれ。
庭の清純な木々よ。
この木々の中にいると人は大きく
なる。**
私はあなたの気にいりのもの、妹。
見よ、私は、フレルの木と他のあら
　ゆる甘い香りの草を
植えた畑のようなもの。
微風によって私たちが気分を爽かに
　するために、
あなたがそこに自分の手で掘った運
河、

67　ファイアンス製のタイル．カイロのエジプト博物館JE89483．第19王朝

ぶらぶら歩きをする場所、
それは何と魅力的なことか。

あなたの手はわが手の中にあり、
わが身体は歓喜に震え、
わが心は昂ぶっている。
なぜなら私たちは一緒に歩いているから。
あなたの声は柘榴酒のようだ。
私はそれを聞くために生きている。
あなたが私に投げる視線の一つ一つは、
食糧や飲みものよりも私に益あるもの。

***

庭のタイム〔たちじゃこうそう〕よ。
私はあなたの花輪を取る。

あなたが酔って帰宅して、
ベッドで眠ろうとするとき。
私はあなたの股《もも》を愛撫し……
（ここで巻物は破れている。表面、7）。

註　＊メカメカ mekhameka＝スベリヒユ、メカ mekha＝対等である。　＊＊サアム s'amu＝清純な木、s'a サア＝大きくする。　＊＊＊ザイティ zaiti＝タイム、ザウ zau＝取り去る。

幸福な、込みいっていない愛はかずかずの詩に描かれている。愛する者たちは常に彼らの五感を完全に使い、愛するひとの姿を見、その香りを嗅ぎ、その身体に触れる。今日カイロ博物館に所蔵されている広いオストラコン（石灰岩の断片。カイロ二五二一八）は、後世の人のために詩人の言葉を保存する目的で用いられた。カイロのフランス・オリエント考古学研究所には、これより小さい同種の断片がある。

わが妹の来るのを私は見る。
わが心は歓喜する。
わが腕は彼女を抱くために開く。
わが心は所を得て楽しむ。
永久に……のように。
遠くにいないでおくれ。
わが愛するひとよ、私のもとに来ておくれ。

彼女を抱くとき、
そして彼女の腕が開くとき、
私は香料に漬かっている、
香料の国の男のように感ずる。
彼女に接吻するとき、
そして彼女の唇が開くとき、

私は歓喜する。

ビールを飲んでいなくても。

（フランス・オリエント考古学研究所一二六六およびカイロ博物館二五二一八、15〜16）。

おおわが神よ、わが睡蓮の花よ！……
外出して……するのは楽しい。
私はあなたの前に行き、水浴するのを好む。
わが美しさをあなたが見るのを、私は許す。
芳香を放つ油に浸された、
最上のリネンの服をまとったわが美しさを。
私はあなたと一緒に居るために水へおりてゆき、
赤い魚を取って、あなたを見るために上る。
わが指の上でそれはみごとなものにみえる。

私はそれをあなたの前に置き……

おいでなさい！　私を見て下さい！

（フランス・オリエント考古学研究所一二六六およびカイロ博物館二五二一八、7〜11）[42]

この最後の詩の美しい点を鑑賞するためには、エジプト人が女性の身体の一部を衣服でかくしていることに魅惑されたということを知っておかねばならない。彼らは全裸または半裸の人びとをまわりに見るのに非常に慣れていたので、このような姿はその惹きつける力と神秘的な魅力を失ってい

68　デイル・エル・メディナ出土のオストラコン．トリノのエジプト博物館 Suppl. 9547．第20王朝

69　デイル・エル・メディナ出土のオストラコン．カイロのフランス・オリエント考古学研究所3787．新王国時代

た。しかし、湿り気のある、身体に密着した、半透明の、上質リネンの衣服をまとった女性は、彼らの想像力を刺戟した。魚は男根の意味を持っていたので、赤い魚を持つ美しい女性の姿はエロチシズムにあふれていた。それはたぶん、古代エジプトから残った最も官能的な愛の詩の一つである。

まことの愛はその対《つい》をなす未完の愛、すなわち愛された者の生活の部分になろうという苦悶・熱望と不可分である。エジプト人は同じ衝動を経験したのであって、それは年代の異なる次のような詩に表現されているとおりである。

わが妹の別荘よ、その門は正面にある。
戸は開かれており、閂《かんぬき》は外されている。
わが妹は怒って出て来る。
私は彼女の門番になりたいと願う。
少くとも彼女から小言を言ってもらうために。
そうすれば、私は怒った彼女の声を聞くだろう。
彼女を恐れる子供のように。
（ハリス・パピルス500、IIの11～13[43]）。

おおわが美しいひとよ、
あなたの持ちものの一部になりたいと願う。妻のように。
あなたの手を私の手の中に抱くとき、あなたの愛が返されるだろう。
私はわが心に懇願する。
「わがまことの愛が今夜離れているならば、

70　デイル・エル・メディナ出土のオストラコン．
トリノのエジプト博物館5639．第19王朝

私はすでに墓にいる者と同じであろう」。
あなたはわが健康、わが生命ではないのか。
あなたの良き健康は何とよろこばしいことか。
あなたを求める心にとって！
（ハリス・パピルス500、Vの3～6）(44)。

私は彼女のヌビア人奴隷でありたいと願う。
彼女の踏段を守るその奴隷に。
そのとき、私は彼女の四肢の、
すべての色を見ることができるだろう！

私は彼女の洗濯夫になりたいと願う。
たった一カ月でよいから。
そのとき、私は「彼女の衣服」を着て見せびらかし、彼女の身体に近づくだろう。
私は彼女の衣服から香油を洗い落し、
彼女の衣服の中で……わが身を洗うだろう。
私は彼女の指を守る
印章指輪になりたいと願う。
そのとき、私は彼女の望みを毎日見るだろう。
（フランス・オリエント考古学研究所一二六六およびカイロ博物館二五二一八、18〜21[45]）。

私はあなたの鏡になりたいと願う。
常にあなたが私を見てくれるために。
私はあなたの衣服になりたいと願う。
常にあなたが私を着てくれるために。
私はあなたの身体を洗う水になりたいと願う。

おお、女性よ、私は香油になりたいと願う。
あなたに塗られるために。
そしてまた、あなたの胸のまわりの帯、
あなたの頸のまわりのビーズ。
私はあなたのサンダルになりたいと願う。
あなたに踏まれるために。

この最後の詩は、エジプトの伝統では非常に豊富にあるのだが、ギリシア語から翻訳されたもので、紀元前六世紀に生きたアナクレオン(46)の詩のコレクションから採ったものである。これを、エジプト語の原作からの翻訳であるとみなしたい誘惑を感ずる。
愛は側面的効果をもっている。愛された者の接吻にくらべると、他のすべてのことは苦《にが》い。

甘い菓子を見るとき、

それらは塩のようである。
口に入って甘くなるまでは、
柘榴酒は鳥の肝汁のようである。
あなたの鼻の芳香のみが、
私の生命を持続させるもの。
私が見出したものを、
アメンよ永遠に私に与えよかし。
　（ハリス・パピルス500、Vの1〜3）[47]。

愛は病いに変装してあらわれるということもある。夢に引きこもって愛するひとのために苦しむ若者を、われわれは想像することができる。

私は、家の中に入って横になり、
病気になったふりをしようと思う。

隣人が来て私を見舞うだろう。
わが妹も彼らと一緒に来るだろう。
彼女は医者をかつぐ（？）だろう。
なぜなら彼女はわが病気の本性を知っているから。

（ハリス・パピルス500、Vの9〜11[48]）。

おのが望みの対象と一緒にいることは、この世で最も重要なことである。

私は、わが愛する人がベッドにいるのを見た。
わが心は、非常に幸福であった。

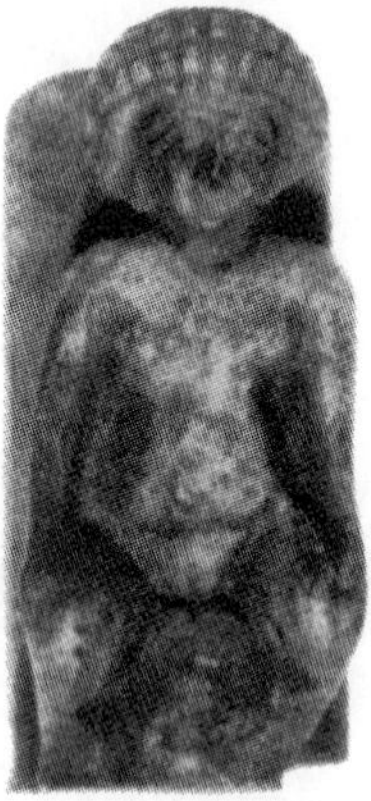

小彫像．大英博物館．同館提供

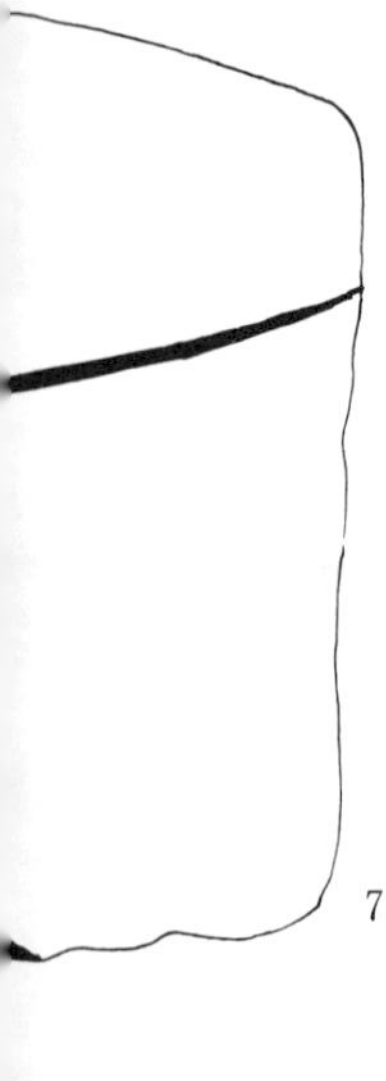

71　カルナクのアケナテン礼拝堂のレリーフ．第18王朝

私たちは言った。「私は決してあなたから離れません。
わが手はあなたの手の中にあります。
私はあなたと歩きます。私はあなたとともにあります。
すべての魅力的な場所で」。
彼は私をすべての女性の先頭に置いた。
彼は決してわが心を傷つけないだろう。
（ハリス・パピルス500、Vの7～8）[49]。

しかし、時として、危険が待伏せしていて、愛し合う者たちを引き離すことがある。たぶん怒れる親という人物の形で。若者の肉欲に

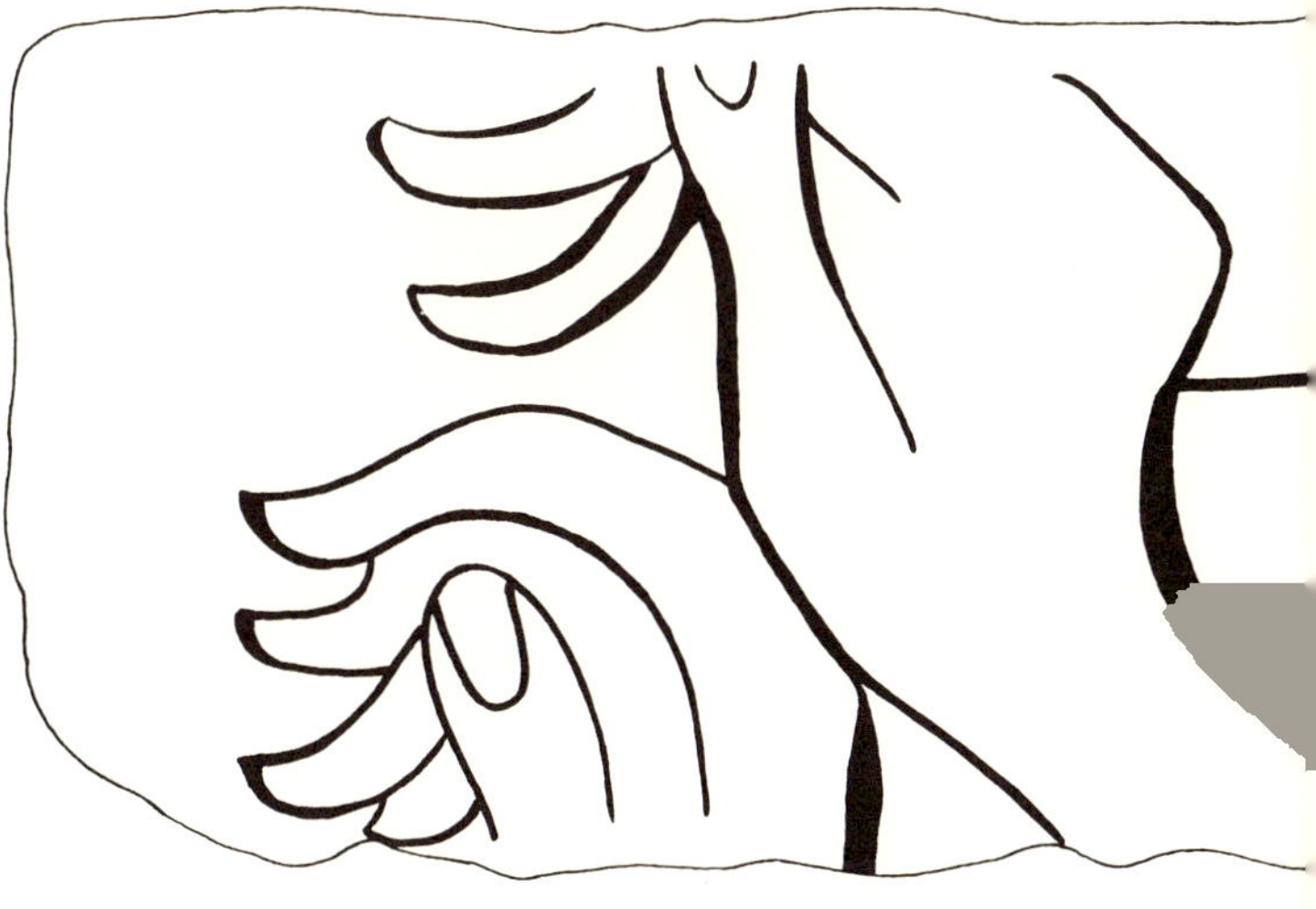

言及している曖昧な二連句ののち、少女は彼女の意見を主張している。

私は彼から離れることはないだろう。
たとえ彼らが私を打ち……としても、
沼地でその日を過さねばならなくなったとしても、
あるいは、彼らが棒で私をシリアに追い払うとしても、
あるいは、ナツメ椰子の肋材で私をヌビアに追い払うとしても、
あるいは、棒で私を砂漠に追い払うとしても、
あるいは、葦で私を海岸に追い払うとしても、
私は彼らの言うことに耳をかさないだろう。
私の愛する男を諦めなさいと言うことに。
（ハリス・パピルス500、IIの2〜5）[50]。

愛する者たちの争いは別の詩の主題となっている。若者は逢引のあと帰宅しようとして

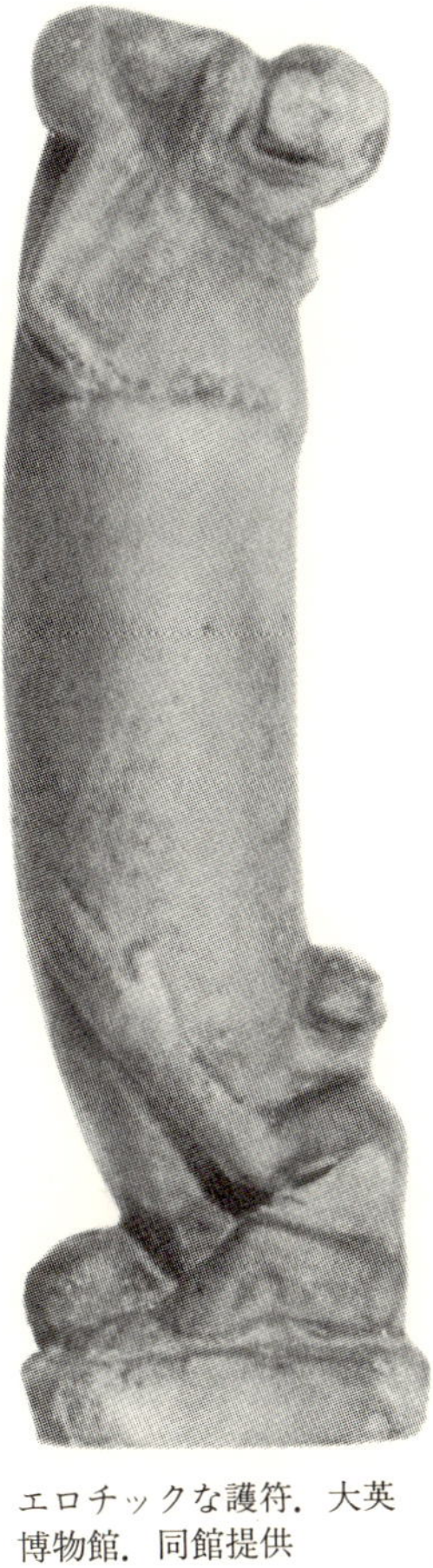

エロチックな護符．大英博物館．同館提供

72
テーベの墓の壁画．東ベルリンのエジプト博物館18534．第18王朝

いる。われわれは、少女がはじめは気むずかしくこれに反対し、ついには彼の出発を延ばす方法を彼女が考えるという様を想像することができる。

あなたが私と一緒にいないというのであれば、
あなたはどなたに心を与えるのですか。
あなたが私を抱くことが……できないのであれば、
あなたがわが股を愛撫し……することを求めないのであれば、
あなたは食事を思い出したがゆえに去ろうというのですか。
あなたは胃の奴隷なのですか。
あなたは衣服のために立ち上ろうとするのですか。
でも私はここに一枚のシーツをもっています！
あなたは飢えか渇きのために去ろうとしているのですか。
私の胸をつかみなさい！　それはあなたのために満ちあふれています。みんなあなたのもの！

あなたの抱擁の時は甘いのです。
（ハリス・パピルス500、Iの1～6）[51]。

たぶん、ある日、情事に終りが来た。二人の中の一人は悲しみに打ちひしがれて残された。

私は顔を戸口に向けました。
なぜなら、私は兄が会いに来るのを待っていましたから。
わが眼は通りにあり、わが耳は……を聞いて、
私はパメヒを待っていました。
何よりも重要なことはわが兄への愛であります。
彼あるがゆえに、わが心は安まることはないでしょう。
彼は私あてに使者を出し、
使者は急いで来て、去り、

彼は私を裏切ったと言いました。
では、それを認めなさい！　あなたは別のひとを見付けた
　のです。
あなたに色目を使うひとを。
別のひとの策略のせいで、なぜ私が見知らぬひとにならな
　くてはいけないのですか。
（ハリス・パピルス500、Vの8〜12[52]）。

知恵文書

知恵の書はエジプト文学における特殊なジャンルである。それらは、特定の人によって作成された助言から成っていて、時として、特別の目的が意図されている。あるものは、未来の王の行動に関するものであるが、大抵のものは上流階級の人びと、

小彫像．大英博物館．
同館提供

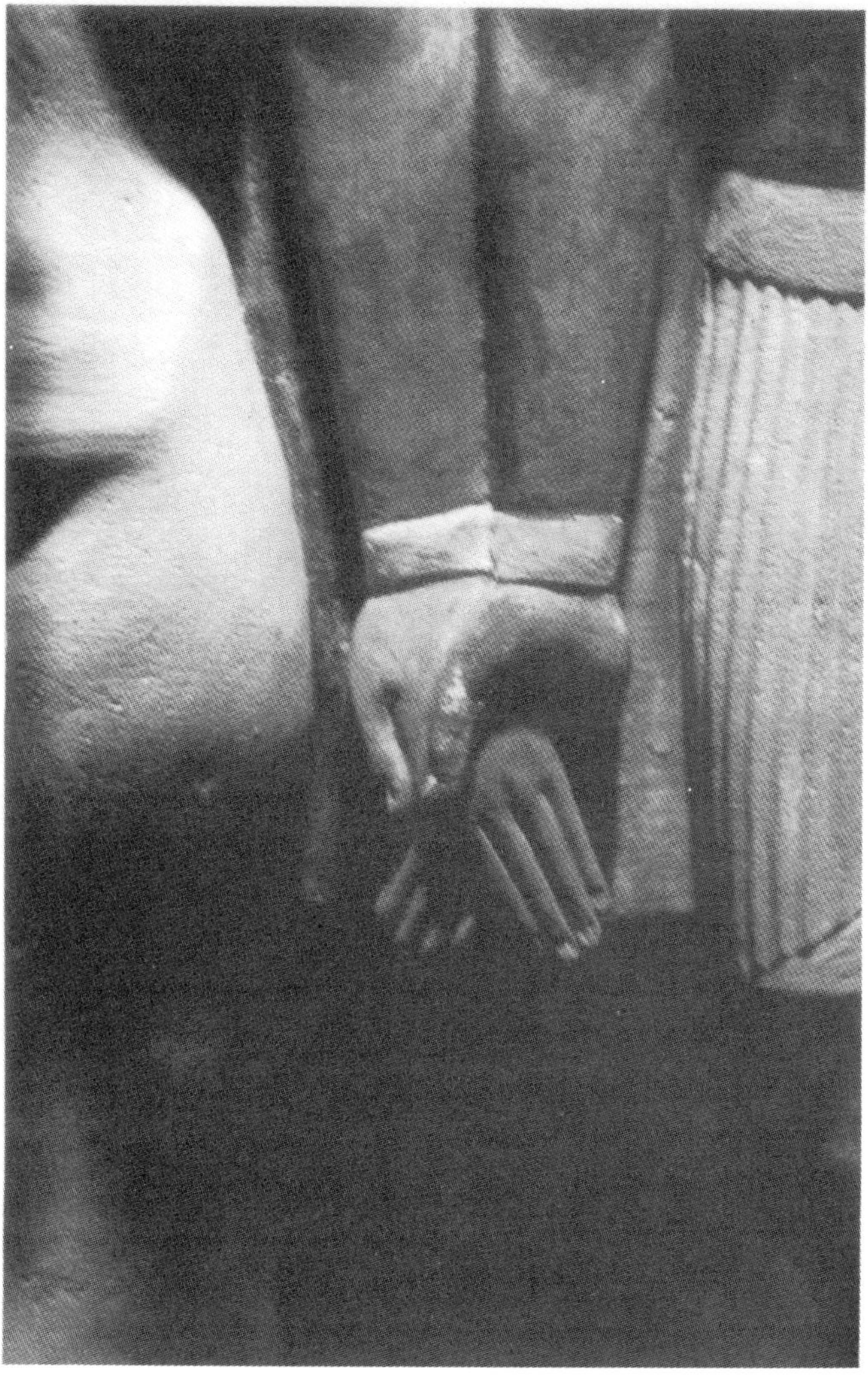

73　彫像グループの部分．東ベルリンのエジプト博物館12547．第５王朝

すなわち王の役人に関するものである。多くの項目は両性間の関係を扱っており、女性に対して男性はいかに振舞うべきかについて助言している。他の地域におけると同じように、エジプトには三種の女性がいた。妻と母と売春婦である。大多数の項目は現代西洋社会に適用できるものであり、古代における両性間の関係についてかなりのことを明らかにしている。

知恵文書は、時代を問わず、書記の学校で書き写された。ラムセス時代のある手紙は、学生の中のあるものが書き写せと命ぜられたものが何であるかを示唆している。「学識ある書記は自らブロンズのピラミッドを作らなかった。教訓の書物は彼らのピラミッドとなり、葦のペンは彼らの子であった。石の表面は彼らの女であり……」（チェスター・ビーティ・パピルスⅣ、裏面）[53]。

プタハホテプの知恵の書

テキストはさまざまのパピルスに書き写された。その中の最古の巻物は紀元前一九〇〇年ころのものである。著者は、それより六百年ごろ前に生きた大臣、プタハホテプであると言われている。人は何を慎むべきかについて触れた彼の助言の一端は、本書一一七ページで引用した。それとは別に、プタハホテプは次のことを述べている。

あなたが賢人であるならば、家庭を作り、妻を愛しなさい。彼女の腹を満たしなさい。彼女の背に衣服を付けなさい。香油は彼女の四肢にとって良薬である。あなたが生きているかぎり、彼女を倖せにしなさい。彼女は主人に対して良き畑である。（三二三〜三三〇）(54)

アニの知恵の書

アニは書記であって、紀元前一四五〇年ころ、おのが息子のために知恵の書を書いた。しかし、残っている手稿はすべてそれより約二百年後のものである。

若いうちに妻をめとりなさい。彼女が一人の息子をもうけ、それも彼女のまだ若いうちに生むようにするためである。子孫をもち、多人数の家族をもつ男は倖せである。

彼は幾人もの子持ちのゆえに、尊敬される。

妻が効果的に働いているときに、家の中で彼女を監督してはならない。

彼女がその物を然るべき場所におさめたときに、「それはどこにあるか。持って来なさい」と彼女に言ってはならない。

あなたの眼をして観察させなさい。しかし黙っていなさい。そうすればあなたは彼女の良き性質を知るだろう。あなたが彼女のうしろにいるとき、彼女は何と倖せになることか。

家庭を築いた既婚の男は苛立ちを抑えなければならない。

別の女性のあとを追ってはならない。彼女をしてあなたの心を盗ませてはならない。

町で知られていない未知の女性に用心しなさい。彼女を見てはならない。彼女を知ってはならない。彼女は深い池であって、その渦巻きは分っていない。夫から遠く離れている女性は「私は美しくはありませんか」と毎日あなたに話しかける。他にだれも彼女に耳をかさないときに。そのとき、彼女は縄をぴんと張っているのである。

（Ⅵ、1〜3およびⅨ、3〜7）(55)

アンクシェションクの知恵の書

このテキスト集の著者は、祭司であって王に対する叛逆を謀ったとの容疑で獄中にあったときこれを作成したのである。手稿は大英博物館にあって、一〇五〇八号である。(56)キリスト紀元より少し前に書き写されたものであるが、アンクシェションクはそれより数百年前に生きていた人物である。

あなたの用事の使いに低い身分の女を出してはならない。彼女はおのれの用事のあとにあなたの用事をするだろう。

その夫が生きている女と結婚してはならない。そうでなければ、彼はあなたの敵となるだろう。

あなたの妻にあなたの財産を見せてやりなさい。しかし財産に関して彼女を信用してはならない。

あなたの妻またはあなたの召使いに対して心を許してはならない。心を許すのは母だけにしなさい。彼女は［信用すべき］女性である。

女性を養育することは、脇が破れている砂袋を持つようなものだ。

女性が今日その夫に対してすることを、彼女は明日別の男に対してもする。

若い男をあなたの伴侶としてはいけない。

女性を知らずにいることは、女性を無駄遣いするにひとしい。

男がミルラの香りを放つとき、その妻は彼の前で猫となる。

男が悩んでいるとき、その妻は彼の前で牝ライオンとなる。

愛されている女性は、捨てられるとき、まことに捨てられる。

あなたの部下である者を夫としている女性を、侮辱してはならない。

慎重な女性には、百片の銀を与えなさい。愚かな女性からは、二百片の銀といえども受けとってはならない。

あなたの妻の美しさについて、歓喜してはならない。彼女の心は、彼女の愛人のがわにある。

妻と寝ることを恥かしいと思う男は、子を持つことはないだろう。
ベッドで既婚の女を犯す男は、地べたでおのれの妻を犯されるだろう。
通りの女と懇《ねんご》ろになる男は、財布の脇を切られるだろう。
既婚の女と懇ろになってはならない。
既婚の女と懇ろになる男は、彼女の戸口の上り段で殺されるだろう。
男は驢馬よりも交接欲がつよい。彼を抑制するものは財布である。
高貴な性格をもった善き女は、飢えの時に来る食糧にひとしい。
夫婦が争いをもたないためには、妻の心が夫の心と

74　ファイアンス製の小彫像．大英博物館．同館提供

同じでなければならない。

女が夫の財産をほしがらないときは、彼女は別の男と懇ろになっている。

悪い女は、決して夫を見付けることはないだろう。

他の知恵文書

ライデンのあるパピルスの巻物は、紀元後一世紀に書き写された一揃いの知恵文書をおさめている。同文書の原本は少くともそれより百年前に作成されたものである。作者の名を含む巻物の冒頭部は失われている。同じ文書の断片はコペンハーゲンにある（インシンガー・パピルスおよびカールスバーグ・パピルス）[57]。

あなたの上級者と関係のある女と、関係をもってはならない。彼女が美人であるなら、彼女から遠ざかっていなさい。

性交は好まないが女のために財産を浪費する、という男がいる。

賢い男も彼の愛する女によって傷つけられる、ということがある。

腹に関して慎みぶかく、男根に関して節制する男は、非難されることは決してないだろう。

女を見つめる愚か者は、血に群がる蝿にひとしい。

私通を愛する愚か者は、おのが経歴を汚す。

女が美人であるなら、あなたは彼女より上級者であることを、彼女に示さなくてはならない。

別の男を愛さない善い女は、家庭において善き女である。

これらの教訓に従う女が悪くなることは、まれである。

収入がないのに家を贅沢《ぜいたく》品でみたす、という女がいる。

若いときに別の女を愛するがゆえにおのが妻を忘れる、という男がいる。

別の男に気に入られている女は、善い女ではない。

この世にある善運も悪運も女に存する。

男根に関して節制する男。その名は、悪臭を放つことがない。

天空を発見するよりもよく女の心を発見することは、だれにもできない。

仕事をもたない愚か者。その男根は、彼を休息させることがない。

六十歳をこえた男。彼にとってすべては終っている。葡萄酒を愛しても、酔うほどに飲むことはもうできない。食事を愛しても、かつての時のように食べることはもうできない。女を愛しても、彼のあの瞬間はもう来ない。

葡萄酒と女と食事は心に歓びをもたらす。

右のものをすべて、叫び声をあげずに楽しむ男は、通りで非難されない。右のものを、一つなりとも欠く男は、おのが肉体を憎む者となる。

暦と夢の書

知恵の書は一般的に社会においていかに行動すべきかについて助言した。もっと特定化した指導については、エジプト人は、たぶん習慣のちがっている別の町でいかに行動すべきか、あるいは一年のさまざまの日にいかに行動すべきか、について教える別の著作物に相談することができた。男あるいは女が特別な夢を見たときは、夢の書がその答えを与えるはずであった。

デルタの都市タニスで発見されたあるパピルス[58]は、さまざまな町における一年のさまざまな日の禁止事項について語っている。これは、馴れていない目的地に旅する者にとって有益な案内書であった。氾濫の第三月の二十三日［十月九日］には性的禁止があった。曰く  これは「男または女の私通者と私通すること」と翻訳してよいが、これは両性の売春者と関係をもつことである。同様な銘文が上エジプトのエドフの神殿の壁面に刻まれている。曰く「全国土にわたって、売春婦と交渉をもつこと」。

幸の日と不幸の日の暦は日常生活の通常の活動に関するものであるが、ほんの僅かの記述しか性的事項を扱っていない。サリヤー・パピルスの表面（大英博物館一〇一八四）[59]の、次のものは特に言及してよい。

> 冬の第一月の七日［十一月二十二日］。非常に悪い。ホルスの眼［太陽］の前でいかなる女とも性交渉をもってはならない。この日、あなたの家の中で燃えている火を、絶えることなく、明るく燃やしなさい。

夏の第二月の五日［八月二十二日］。非常に悪い。この日、家を離れてはならない。いかなる女をも抱いてはならない。この日、九神《エネアド》が創造された。神モントゥはこの日休息した。この日生れた男は、性交渉の最中に死なねばならない。

二つの夢の書が古代エジプトから生き残った。一つは男のために、他の一つは女のために書かれた。前者は紀元前一一七五年ごろの、チェスター・ビーティ・パピルスIII、表面（大英博物館一〇六八三）(60) に見られる。「男が夢の中で自分自身を見るならば……」という導入部につづいて、一連の夢がリストとなって挙げられている。

……彼の男根が大きくなる夢＝善い。これは彼の所有物が倍増することを意味する。
……母と性交する夢＝善い。彼の仲間は彼に忠実であるだろう。
……妹と性交する夢＝善い。これは彼が何かを相続することを意味する。
……女と性交する夢＝悪い。これは服喪を意味する。
……牝の跳び鼠と性交する夢＝悪い。彼に不利な判決が下されるだろう。

75　馬の背に乗った男根像．サッカラ出土．
エジプト調査協会（ＥＥＳ）提供

……男根が立つ夢＝悪い。これは彼が盗難にあうだろうことを意味する。

……鳶《とんび》と性交する夢＝悪い。これは彼が盗難にあうだろうことを意味する。

……下の部分を剃る夢＝悪い。これは服喪を意味する。

……女の陰門を見る夢＝悪い。最大の不幸が彼に来る。

……豚と性交する夢＝悪い。彼は所有物を失うであろう。

……日の当る場所で妻と性交する夢＝悪い。神は彼の不幸を見るだろう。

女のための夢の書は紀元後二世紀の、コペンハーゲンにあるカールズバーグ・パピルスXIII[61]に書かれている。たったいま見たように、夢の書の伝統ははるかに古い時代にまでさかの

エロチックな護符．大英博物館．同館提供

ぼる。パピルスの巻物はやや破損しているが、興味ぶかいかずかずのエロチックな組合せがその標題とともに残っている。

女が夢を見るときの性交の形態

女が、おのれは夫と結婚していると夢に見るなら、彼女は破滅するだろう。彼女が夫を抱くなら、彼女は嘆きに会うだろう。

二十日鼠が彼女と性交するなら、彼女の夫は彼女の［陰窩《いんか》］を与えるだろう。

馬が彼女と性交するなら、彼女は夫に対して暴力を揮《ふる》うだろう。

百姓が彼女と性交するなら、百姓は［欠落部］を与えるだろう。

驢馬が彼女と性交するなら、彼女は大罪のゆえに罰せ

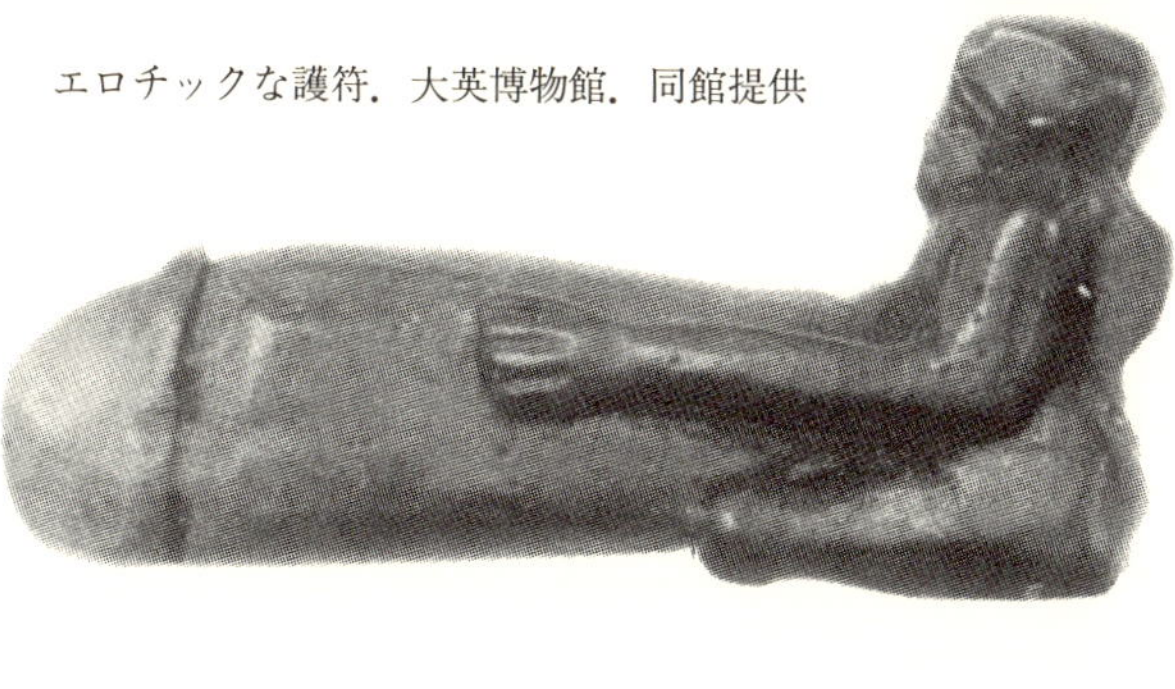

エロチックな護符．大英博物館．同館提供

られるであろう。

牡山羊が彼女と性交するなら、彼女はやがて死ぬであろう。

牡羊が彼女と性交するなら、ファラオは彼女に対して慈悲ぶかくなるだろう。

狼が彼女と性交するなら、彼女は何か美しいものを見るだろう。

蛇が彼女と性交するなら、彼女は、彼女に対して厳格である夫をもつだろう。そして彼女は病気になるだろう。

鰐が彼女と性交するなら、彼女はやがて死ぬだろう。

狒狒《ひひ》が彼女と性交するなら、彼女は人びとに対して親切になるだろう。

朱鷺《とき》が彼女と性交するなら、彼女は家具調度を立派にそなえた家をもつだろう。

隼《はやぶさ》が彼女と性交するなら、彼女は［欠落部］の運命を持つだろう。

鳥が彼女と性交するなら、彼女の一人の競争者が何かを得るだろう。

既婚の女が彼女と性交するなら、彼女は悪運を持つだろう。そして彼女の子供たちの中の一人は［欠落部］を持つだろう。

野蛮人が彼女と性交するなら、彼女は夫を迎えるだろう。ついで彼女は、死体となって発見されるだろう。

シリア人が彼女と性交するなら、彼女は泣くだろう。なぜなら、彼女は奴隷とおのれの性交を許すだろうから。

異邦人（?）が彼女と性交するなら、彼女は泣くだろう。なぜなら、彼女は偽りの証言をするだろうから。彼女は彼女を訪ねてくる男たちに親切となり彼女の夫は別の妻をめとるだろう。

未知の男が彼女と性交するなら、人びとは探して歩くだろう。しかし彼女を見つけることはできないだろう。

彼女の（?）息子が彼女と性交するなら、彼女の息子たちの一人は死ぬだろう。

女が彼女と性交するなら、彼女は嘘を言うだろう。

魔法文書

性的生活の多くの断面が物語、事実記録、詩で明らかになった。情事と愛慾において、すべての人が倖せだったわけではない。あるときは、彼らは情況を改善しようと欲した。あるいは、敵が関係しているときは、情況を悪くしようと欲した。最も古い時代から、魔法はエロチックな事柄で人間の助けとなった。いかなる絵も、日常生活においても来世においても作用する魔法の力を持っていた。死者は内妻の小彫像を与えられた。彼女は彼に付き添い、彼の精力を刺戟し、彼の再生を保証するのであった。まだこの世で若いのに、エジプト人が精力について問題があるときは、何ごとかをそのためにすることができた。中王国時代末の（紀元前一七〇〇年ころ）あるパピルスは、不能者のための次のようなパップ剤の処法を記している。「棘《とげ》の葉、一。アカシアの葉、一。蜂蜜、一。この蜂蜜の中で（葉を）つぶし、これを包帯にして用いよ」（ラムセイオン・パピルスV、XII）[62]。

医学的処置はしばしば魔法の処法文を伴っていた。紀元前一〇〇〇年ころに書かれたあるパピルスは、媚薬の処法を含んでいる。不幸なことに、それは非常に断片的である。治療薬の一つは、呪文が唱えられているあいだに用いられるべきものであった。その呪文は、最も適切なこととしてクヌム（かずかずの創造神の中の一人であるが、男根によってではなく轆轤《ろくろ》！によって創造された）に言及するのであった。

上流階級を創った御身、偉大なる（？）神よ、下層階級を設けたクヌム神よ、万歳。すべての陰門の口を御身が験し、……直立し、軟かくはなく、硬くない、弱くはなく、……しますように。御身はヌトの息子セトによって睾丸《こうがん》を強くする。唱えられるために……陰茎がそれを塗られますように（チェスター・ビーティ・パピルスX）[63]。

もっとよく保存された処法は後代に見られるが、その起源はもっと古い時代にさかのぼらせることができる。紀元後三世紀という後代に書かれたあるパピルス[64]は、さまざまな種類の強精剤の処法を含んでいる。巻物の部分は大英博物館（一〇〇七〇）に、別の部分はライデン（J・三八三）にある。

女の愛をかちとるための媚薬。 殺された人間の死体の頭皮からフケを取り、死者の墓に埋葬された七粒の大麦の実を取り、十オイペ〔単位名〕の林檎の種と一緒に右のものを押しつぶせ。黒い犬から取った大形ダニの血、あなたの左手の薬指の血、あなたの精液をこれに加えよ。これを押しつぶして、凝固体とし、一カップの葡萄酒の中にいれ、あなたがまだ口をつけてなく、贈りものにもまだ使ってはいないウテフ・ムト〔品物の名〕を三個加えよ。この物に向って上記の処法を七度唱え、女にそれを飲ませよ。大形ダニの皮をリネンの布に入れてしばり、それをあなたの左腕のまわりに結び目を作ってしばりつけよ。

いかにして女をして、その夫を愛せしめるか。アカシアの種を蜂蜜にまぜてすりつぶし、これをあなたの男根にすりこみ、女と寝よ。

いかにして、女をして性交を楽しませるか。種馬の口の泡をあなたの男根にすりこみ、女と寝よ。

いかにして、男を女から、また女を男から、別れさせるか。「ああ、ああ！　火事だ、火事だ！　おのれを牡牛に変えたのち、ゲブは母の娘テフヌトと幾

エロチックな護符．大英博物館．同館提供

度も寝た。彼の父の心は彼に対して怒りをましていった。魂は火となり、身体は柱となったその人の怒りは全国土を火でみたし、そのため山々は火を吹いた。すべての神と女神の怒りは……願くば、それがＮＮ〔ここに氏名を明記する〕の息子とＮＮの娘の上にも及びますように。ＮＮの心に火を、その寝室に炎を送れ！　彼の心に憎悪の火を燃え上らせよ。彼がＮＮの娘を彼の家から追い払うまで。願くば、彼女が彼の心の中に怒りをかきたてんことを！　願くば、彼女が彼にとって嫌悪をもよおさせるものに見えんことを！　不平、呪い、嘆きと終りのない争いを彼らの中に扇動せよ！　一方が他方から離れて、二度と和解することのないようになるまで」。ゴム、……、ミルラ、葡萄酒。手に笏をもつゲブの

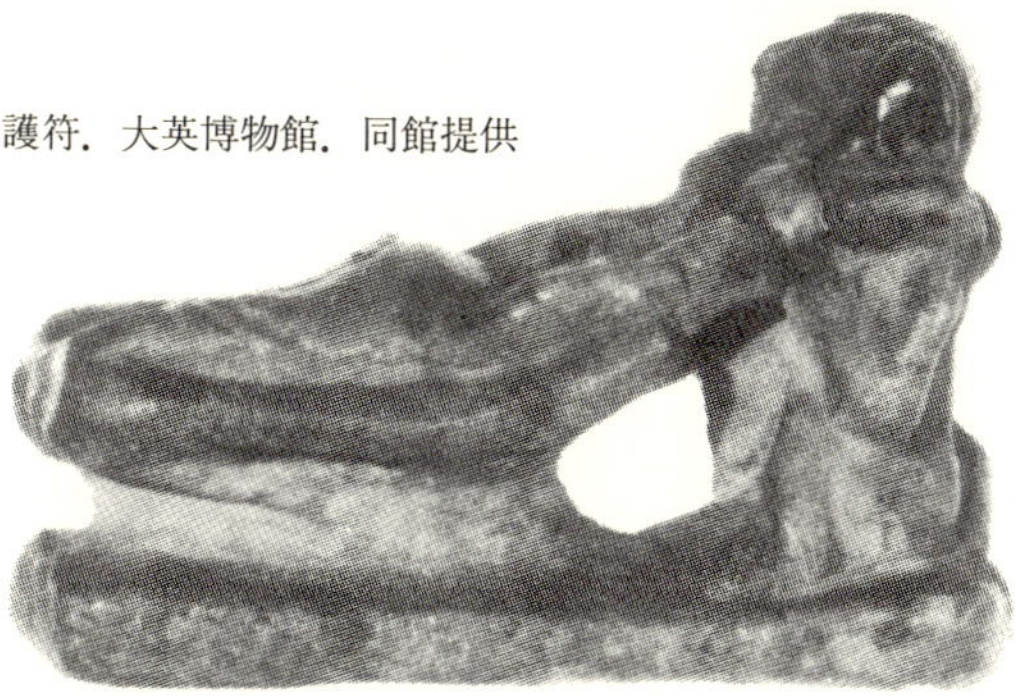
エロチックな護符．大英博物館．同館提供

像を作れ。

これより約二千年前に、別の女性が競争者に復讐するために、やや劇的度合の少ない処法を用いた。紀元前一七〇〇年ごろのあるパピルスは過激な憎悪のための処法を含んでいる。「頭髪を脱けさせる別の処法」である。焼いた睡蓮の葉を油に漬け、憎む女の頭にのせよというのであった（エーベルス・パピルス四七五）(65)。

来世におけるエロチックな活動は、理想的な状態の記述を朗誦することによって、あるいは関係のある文章を死者の柩の中に置くことによって刺戟された。古王国時代においては、王は来世における旅に関してピラミッド・テキスト(66)から益を得た。それらは、ピラミッド内の玄室の壁面に刻まれるのであった。王は女神イシスと結合することになっていた。

御身の妹は御身のもとに来て、御身の性欲をよろこんでいる。
御身は彼女を御身の男根の上に置く。

御身の精液は彼女の中にはいり、シリウス＊のように効果をもつ。

（第三六六章1、六三二a〜d）。

註　＊またしても言葉の遊び。効果をもつ＝スペド spd　シリウス＝スペデト spdt

中王国時代（紀元前二一三三ごろ－一七八六ごろ）には、テキストは私人によってその柩に用いられた。コフィン・テキスト[67]（棺柩文）の一つは次のとおりである。「（きまり文句を）知っている者すべてについてだが、彼はこの地上で夜も昼も性交することができるであろう。そして、女たちの心は彼の欲するときに、いつでも彼のもとに来るであろう」（第四二六章）。

エロチックな護符．大英博物館．同館提供

別の同時代のテキスト(68)は「ベボの男根」に言及している。これは、死者に特別の保護を与えるために死者のために獲得すべきものであった。「子供を生み、仔牛を創りだすベボの男根は、死者にもたらされなければならない。『どこにそれを置くべきか』。脚の開いている股に」。(ウルクンデンV、156の6以下)。

このベボは九神《エネアド》とともに生きている神であったが、「恐るべき子供《アンファン・テリーブル》」であって、強力な太陽神にさえも反対するのであった。一度、彼が魔法の神トトに服従しなかったとき、彼は間もなくそれを悔やむべき理由を発見した。もう一度、ベボはトトの悪口を言ったので、トトは彼のところへ行った。するとベボはある女と性交をして、眠っていた。トトは彼の男根に香油を塗り、彼に不利な魔法の呪文を唱えた。すると、ベボの男根は女の陰門にはまりこんで動かなくなった。ベボはおのが男根が取り外されたことに気付かなかった。ついでトトは九神を呼び、彼らにベボと女を示した。そのとき、ラアは言った。「ベボよ、お前は敗れたのだ」。ついでトトはベボに言った。「御身、偉大なる者よ、御身の睾丸ははるか遠くにある」。そこで、ベボは武器をもってトトに近付いた。しかし、トトは魔法の呪文を唱えた。ついで、ベボが青銅の武器をふりかざしてきたとき、トトはおのれ自身の頭を打った。神々は言った。「彼の武器は彼の中にある！」こうして彼の名は今日まで残った。神々は言った。「おおラアよ、彼を罰せよ！」するとラアはベボをトトの処置に任せた。トトはラアの屠殺の野で彼を生贄《いけにえ》とした（ジュミラック・パピルスXVI、15〜21）。

エロチックな戯画

紀元前一一五〇年ごろのある日、上エジプトのテーベのある画工は一巻のパピルスのために忙しく働いていた。はじめ彼は、自分の知っている動物物語の画をかいた。それを終ったとき、彼は巻物の上から下まで垂直の線を引き、別のテーマについて画をかき始めた。町のあたりで語られる新しい物語の画だろうか。あるいは、人びとの言ったこと、すなわち実際に起きた何かをあらわしている、というのが真実であったのだろうか。たぶん、人物は、もしその気になれば彼が名を記すこともできた人びとであった。

一つの事は確かである。このパピルスの巻物が三千年後に再びあらわれたとき、これらのエロチックな画は多くの解釈と示唆を招いたのである。ある段階で書記が進行中のことを想像しようとし、余地のあるときはいつでも再構成した対話を書きいれたという事実にもかかわらず、無傷といってよい程度に残ったテキストは画の真の意味について鍵を与えなかったのである。

画はアメン神の祭司とテーベの姦婦との情事をあらわしている、あるいは、高い次元すなわち神々の世界における事件の模写として意図された、という説明がなされたことがある。ある人びとは、男性主人公を巻物の書かれた時の王に比定しようと試みた。

芸術上の視点からすれば、諷刺物語を含む巻物の画は、デイル・エル・メディナの職人村で発見された石灰岩の断片あるいは陶片と共通するものが多かった。この特別な場所の倫理に関するわれわれの知識で考えてみると、そこはこのような情景を喚かす明瞭な場所であっただろう。ただし、証拠の残っていない他の居住地にも同じような状況はあったにちがいない、ということを念頭におく必要がある。

画を一瞥しただけで、ただ一人の同じ人物があらゆる場面に出ているわけではないことは明らかである。顔の特徴のちがいによってだけでなく、少くとも一人は頭髪がいくらか頭に残っているのに、たいていの男は多少なりと禿頭であるということによってである。

すべての人物はそれぞれ違う髭を付けている。彼らは簡素な衣服、すなわちゆるやかに締めたキルトを共通に着用している。これはすべて下層階級の人びと、召使い、縦列で行進する労働者、通常の職人に典型的なものである。

一人の少女が違った鬘《かつら》をかぶっていたということもあったかもしれないが、幾人もの違う女性が関係していたということのほうが、もっとありそうなことである。時として、睡蓮の花が鬘の上に置かれ、そうでないときは、彼女たちは腰帯、ネックレス、ブレスレット、およびもちろんのことにアイシャドーと口紅のほかには何も用いなかった。一人の女性は口紅を棒で塗っている姿を描かれている。

事は屋内でおき、室はエロチックな雰囲気を高めるための必要調度品をそなえている。ベッドか別室に用意されている床と床几《しょうぎ》にたくさんのクッションが置かれている。これらを、より快適な調度品であるとすれば――。余裕のあるときに少女たちの歌う歌に伴奏するために、床に置かれたリールは摑《つか》みあげられて演奏されるのを待っている。特別に愛の女神ハトホルに捧げられているガラガラすなわちシストラムもまた持ちこまれた。壺は葡萄酒またはビールでみたされており、注意ぶかく調べると事前の歓びを増すかもしれぬ品々が明らかになる。在席した者のほとんどすべてがさまざまの形の性交に多少なりとも加わっているという事実を考えると、デイル・エル・メディナの淫売宿でスクリーンのうしろからユニークな一瞥をわれわれが経験しているということに、ほとんど疑いはない。書記のおかげで、われわれは会話の一部を盗み聞きすることさえ許されているのである。

　テキストは右から左に読む。それは連続する物語を述べていないかもしれないが、われわれは同じ方向で絵を読んでゆくことにする。

I

少女は、世界創造のさいに、大地ゲブから

I

引き離されたときの女神ヌトを思わせる姿勢(図18を見よ)で、身体を折りまげている。男はおのれの肩に袋をかついでいて、彼女を背後から捉えている。

(彼女)「……に置いたあなたの手を外して(?)くださいな」。

II

少女は、二人の少女によって曳かれる車の上に立っている。一方の手で彼女は手綱をつかみ、他方の手を西洋昼顔の茎の上に置いている。この植物はエロチックな状況では頻繁に見られる(巻物は十九世紀に発見されたときよりも、今日ではずっと破損している。しかし、細部はそれより前の図に認めることが

できる)。男は彼女に背面から迫っている。彼の一方の手は少女の髪をつかみ、他方の手で香油(?)の壺を持っている。シストラムが彼の腕からぶら下っている。一匹の小さな猿が彼の車によじのぼっている。一人の小男が一行に加わっていて、その性欲を公然と示している。

III

少女は床几の上に腰かけて、未経験の客に手助けをしている。シストラムと香油壺(?)は床にある。たぶん、これらは勝ちほこる隣人の使ったものと同じであったのだろうか。テキストがIIの上および図像のあいだ

IV

に置かれている。

（著者？）「ここを御覧なさい、トト（書記の神）よ……あなたは……彼女ただ一人。彼女の二度目の者（？）はうしろに（いる）……彼女は……あなたが……に心を求めたとき……震えるために」。

（彼女）「私はあなたの仕事を愉しいものにします。こわがらないで下さい。あなたに何をいたしましょうか。……日に……あなた、戸口をノックして入れてもらうあなた、まわりを歩くあなた！　ここを御覧なさい。まわって私のうしろに来て下さい。（私は）あなたの歓びを包んでいます。あなたの男根は私とともにあります。あなたは私にまだ下さ

V

VI

いません。可愛い私生児を！」

IV

少女は鏡の前で化粧している。彼女は両脚を、逆さにした壺の上で開き、彼女の相手は彼女を見つめ、おのれの右手を彼女の陰門にあてている。この情景と次のものとのあいだに数行の読解不能のテキストがある。

V

二人はしっかりと抱きあっており、その姿勢は別のところ（図57を見よ）で知られているものである。

VII

VI

少女はベッドの上にのぼり、男は気分が悪くなって床に横たわっている。

（彼女）「私のベッドだけを残して下さい。そうすれば私は……します……私に（？）精液（？）を……。

（彼）「わが大きな男根が……内部で……苦しんでいる……」。

VII

もう一人の客が気分が悪くなり、少女と二人の助力者によって運び去られる。巻物はここで著しく破損している。しかし、これより古い一枚の画は、もっと大きい男根が今やだ

VIII

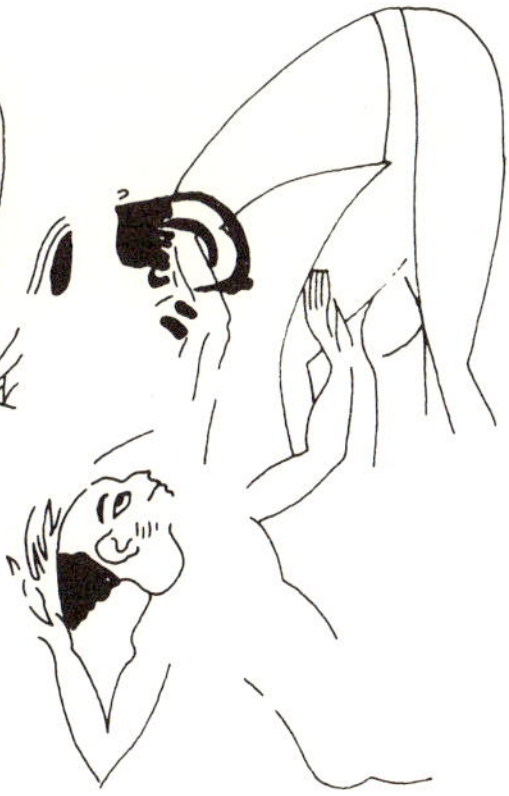

IX

らりとしているのを示している。

VIII

「ゲブとヌトの姿勢」を思わせるもう一つの画。男は床の上に横たわり、少女は彼の頭を支えている。たぶん、これは図VI－VIIに出ているものと同一人物である。しかし、古いほうの画においては、彼は違った頭髪と髭をそなえている。四行のテキストは図VIIIとIXのあいだに加えられている。

（彼女）「私はあなたにいいます……楽しさ……私は……あなたのもの」。

X

IX

背面からの性交。少女は緑色のクッションで体重を支えている。図Iにおける相似人物と同じように、男は少女の鬘をつかみ、背に袋をかついでいる。

X

著しく破損している情景。少女はクッションの上で仰むけに寝ていて、その両脚は男の頸をはさんでいる。

(彼女)「他の人の（?）代りをつとめて下さい。そうすれば、私はあなたを賞めたたえ、あなたの色欲のことで神に感謝（?）いたしましょう」。

XI

XII

XI

少女はリールのわきで両脚を開いて立っているか、横たわっており、男は彼女の頭髪をつかんでいる。

(彼女)「神(?)に賞讃あれ」。

XII

古いほうの画は右手にブラシあるいは化粧棒をもつ少女を示している。床几はひっくりかえされており、少女は斜めの板(?)の上に横たわり、男は彼女の中に入っている。一人の小男が活動的な状況から走って逃げている。ここで、巻物は終っている。

終章

これまで述べてきたことによって、エジプト人が現実の人間であったこと、壮大なピラミッドを建て、死者のミイラを作った民族であっただけではないことは明らかである。他の初期の、いわゆる原始文明の場合と同じように、エロチックな事柄は第一義的な重要性をもち、したがって生活の不可欠部分となった。これは、再生の思想を軸とする葬祭上の信仰において、また神殿で崇拝された神々の性的要求において、最も意義ぶかく認められる。この公的環境では、焦点は活動的なエロチックな力に置かれた。この力は、毎年夏になると畑で発芽する穀粒の

男根形護符．大英博物館．同館提供

ように、あるいは一匹の動物が他の動物を生む永遠の連続のように、エジプト社会を再生させ、しかも本質的には同じでありつづけさせるからであった。創造は一度だけ始めにおこった。再生はそのあとにつづいておこるのであった。

エジプト人のエロチックな想像は、疑いもなく資料が示すよりもずっと高尚なものであった。本書に掲載の図版のいくつかはポルノグラフィックな性質のものとして解することができるとしても、現存するテキストの中には、そのような性質のものは非常に少ない。とはいえ、資料の行間を読むと、われわれはただの人間としてのエジプト人を一瞥する。彼らは恋に落ち、歓び、苦しみ、人口の多い村の小さな家で性交し、公けの場で粗末な画をかき、河の岸または行列用の公道のわきで彼らの神々を見ておのれを若返らせようとしてひしめきあい、精力または子供が来ることを望んで愛の女神のそばに粗雑に作った祈願用男根を置くためにその

エロチックな護符．
大英博物館．同館提供

女神の聖堂に忍び足で上ってゆき、あるいは強精薬草を庭に集め、腐った味のする、しかし治癒、阻止あるいは誘惑に効果のある薬を作るという人間なのである。

古代エジプト人の生活のこの面に関するもっと多くの資料が将来明るみに出てくることを希望したい。われわれが古代民族の生活に親密に触れるのは、あらゆる時代のあらゆる人びとに共通の人間の基本的要求を通してなのである。

訳者あとがき

古代エジプト人の生活と思想については多くのことが書かれている。しかし未開拓の領域もまた少くない。古代エジプト人の性生活は、その代表的なものである。

本書はそのテーマに総合的に迫った最初の試みであって、著者は性をめぐるさまざまの形——売春、内縁、姦通、同性愛、動物との性交、近親相姦、一夫多妻など——を追跡し、性をめぐる用語を探索し、神話から文学に至るさまざまなジャンルの性関係のテキストを紹介している。とりわけ本書で注目すべきは、豊富におさめられた性関係図版であって、世界中の美術館・博物館および個人コレクションを入念に調査した著者の努力があってこそ、これが可能だったのである。

著者はデンマーク生れの女流エジプト学者で、一九八一年いらいイギリスに定住して研究し、もちろん頻繁にエジプトへ出向いて現地調査もしている。主要著書には本書のほか『失われた墓――テーベの墓地における第十八王朝の記念物の研究』、『死者の都、エジプトのテーベ』があり、古代エジプトの文学を絵入り児童ものとした二著もある（邦訳は大塚勇三訳『ライオンとねずみ』、同人訳『運命の王子』、いずれも岩波書店刊）。

資料として頻繁に出てくるチェスター・ビーティ・コレクションについては、ダブリン（アイルランド）のチェスター・ビーティ図書館学芸員潮田淑子夫人から多大の助力を得て、認識を正確にすることができたことを、感謝をもって記しておきたい。

多くのエロチックな絵の出所として、エジプトのデイル・エル・メディナが本書でしばしば言及されているが、これは新王国時代に「王家の谷」の王墓を築く職人の村があった場所で、この職人村の研究書 The Tomb-Builders of the Pharaohs, by M. L. Bierbrier（邦訳は酒井傳六訳『王《ファラオ》の墓づくりびと』学生社）も、合わせて読むことを、私はおすすめする。

一九九〇年一月一日

酒井　傳六

図版リスト

略年表　ファイアンス製の小彫像。デンマークの個人コレクション。
1　割礼。アンクマホルの墓。サッカラ。第六王朝初期。
2　おのれの秘部を示す男のテラコッタ製小彫像。大英博物館提供。
3　行列で運ばれる男根像。サッカラ。エジプト調査協会（ＥＥＳ）提供。
4　ネフェルホテプの墓（四九号墓）の壁画。テーベ。第十八王朝。
5　デイル・エル・メディナ出土のオストラコン。カイロのフランス・オリエント考古学研究所3650．新王国時代。
6　デイル・エル・メディナの家から出土した壁画。第十九王朝。
7　デイル・エル・メディナ出土のオストラコン。カイロのフランス・オリエント考古学研究所3000．新王国時代。
8　デイル・エル・メディナ出土のオストラコン。カイロのフランス・オリエント考古学研究所3779．第十九王朝。
9　オストラコン。東ベルリンのエジプト博物館23676．第十九王朝。
10　個人コレクションのオストラコン。カイマー・フォト提供。
11　エル・アマルナ出土のオストラコン。第十八王朝。

12 テーベの墓の壁画。大英博物館37981. 第十八王朝。同館提供。

13 プタハメヘトの墓（七七号墓）の壁画。テーベ（プリス・ダヴェーヌの画による）。第十八王朝。

14 エル・アマルナ出土のレリーフ。ニューヨークのブルックリン博物館60. 197. 8. 第十八王朝。

15 ホルエンヘブの墓（七八号墓）の壁画。テーベ（ヘイ文書29823, 10）。第十八王朝。

16 エル・アマルナ出土の碑板。東ベルリンのエジプト博物館17813. 第十八王朝。

17 デイル・エル・バハリ出土の革の掛けもの。ニューヨークのメトロポリタン美術館31. 3. 98. 第十八王朝。

18 大英博物館パピルス10, 018.

19 センウスレトの「白い礼拝堂」のミン神のヒエログリフ。カルナク。第十二王朝。

20 ラムセス九世の墓の天井の画。王家の谷。第二十王朝。

21 ベニ・ハサンの墓のヒエログリフ。紀元前二〇〇〇年ころ。

22 ヘルモポリスの家の壁画。紀元前一世紀。

23 エル・アマルナ出土のレリーフ。パリのルーヴル博物館E. 11624.

24 エル・アマルナ出土のレリーフ。東ベルリンのエジプト博物館14511. 第十八王朝。

25 エル・アマルナ出土の飾り板。ケンブリッジのフィッツウィリアム博物館4606. 1943. 同館提供。

26　エル・アマルナ出土の小彫像。ユニヴァシティ・カレッジ・ロンドン002．第十八王朝。同大学提供。
27　メルルカの墓のレリーフ。サッカラ。第六王朝。
28　デイル・エル・メディナのインヘルカウの墓（三五九号墓）の壁画。第二十王朝。
29　テーベのレクミラの墓（一〇〇号墓）の壁画。第十八王朝。
30　テーベのネフェルロンペトの墓（一四〇号墓）の壁画のスケッチ。第十八王朝。
31　デイル・エル・バハリのネフル王妃の墓のレリーフ。ニューヨークのブルックリン博物館acc. n. 54. 49.
32　ワディ・エル・ハンママトの落書。
33　黒檀製ベッドの部分。ケンブリッジのフィッツウィリアム博物館E. 67 c. 1937．第十八王朝。
34　個人コレクションのオストラコン。カイマー・フォト提供。
35　テーベの墓の壁画。大英博物館37984．第十八王朝。
36　セドメント出土の香油用スプーン。ユニヴァシティ・カレッジ・ロンドン14365．第十八王朝。同大学提供。
37　ファイアンス製碗の装飾。ライデンのファン・ウデヘデン博物館AD 14/H 118/E. xlii. 3. 新王国時代。
38　サッカラ出土の石灰岩像。エジプト調査協会（ＥＥＳ）提供。

39 デイル・エル・バハリ出土の木製祈願用男根像。大英博物館提供。
40 ファイアンス製の小彫像。大英博物館M39. 同館提供。
41 木製小彫像。大英博物館48658. 第十九王朝。同館提供。
42 象牙製小彫象。フィッツウィリアム博物館E. 16. 1899. 同館提供。
43 大英博物館パピルス10, 008. 第二十一王朝。
44 石灰岩（?）製小彫像。大英博物館。同館提供。
45 リネンに描いた画。リヨンの織維歴史博物館55276 LA.
46 デイル・エル・バハリの墓の落書。新王国時代。
47 個人コレクションのオストラコン。カイマー・フォト提供。
48 個人コレクションのオストラコン。カイマー・フォト提供。
49 デイル・エル・メディナ出土のオストラコン。カイロのフランス・オリエント考古学研究所3962. 新王国時代。
50 デイル・エル・バハリの墓の落書。新王国時代。
51 アビドスのセティ一世神殿のレリーフ。第十九王朝。
52 碑板。大英博物館1372. 第十三王朝。
53 オストラコン。大英博物館50, 714. 新王国時代。
54 デイル・エル・メディナ出土のオストラコン。個人コレクション。新王国時代。
55 テーベの墓（現在では消失）出土の木版画。新王国時代。

56 テーベのネフェルホテプの墓（四九号墓）の壁画。第十八王朝。
57 オストラコン。カイロのエジプト博物館11198．新王国時代。
58 デイル・エル・メディナ出土のオストラコン。カイロのフランス・オリエント考古学研究所3062．新王国時代。
59 デイル・エル・メディナ出土のオストラコン。個人コレクション。新王国時代。
60 デイル・エル・メディナ出土のオストラコン。パリのルーヴル博物館E．12966．新王国時代。
61 デイル・エル・メディナ出土のオストラコン。カイロのフランス・オリエント考古学研究所3971．新王国時代。
62 デイル・エル・メディナ出土のオストラコン。カイロのフランス・オリエント考古学研究所3793．新王国時代。
63 鏡箱に描かれた画。カイロのエジプト博物館 CG 44101．第二十一王朝。
64 テーベのネフェルホテプの墓（四九号墓）の壁画。第十八王朝。
65 テーベのネフェルホテプの墓（四九号墓）の壁画。第十八王朝。
66 デイル・エル・メディナ出土のオストラコン。トリノのエジプト博物館7052．新王国時代。
67 ファイアンス製のタイル。カイロのエジプト博物館 JE 89483．第十九王朝。
68 デイル・エル・メディナ出土のオストラコン。トリノのエジプト博物館 Suppl. 9547．第二十王朝。

69 デイル・エル・メディナ出土のオストラコン。カイロのフランス・オリエント考古学研究所3787．新王国時代。
70 デイル・エル・メディナ出土のオストラコン。トリノのエジプト博物館5639．第十九王朝。
71 カルナクのアケナテン礼拝堂のレリーフ。第十八王朝。
72 テーベの墓の壁画。東ベルリンのエジプト博物館18534．第十八王朝。
73 彫像グループの部分。東ベルリンのエジプト博物館12547．第五王朝。
74 ファイアンス製の小彫像。大英博物館。同館提供。
75 馬の背に乗った男根像。サッカラ出土。エジプト調査協会（ＥＥＳ）提供。

小彫像。大英博物館。同館提供。
男根形護符。大英博物館。同館提供。
エロチックな護符。大英博物館。同館提供。
線画はすべて著者による。

索　引

文献リスト

本文中に引用した文献

1 For these and the following quotations see the original text and translation by A. D. Godley, *Herodotus I–II*, Loeb Classical Library, London, 1946, and a commentary to some paragraphs in A. B. Lloyd, *Herodotus Book II. Commentary 1–98*, Leiden, 1976.

2 Papyrus Nu: E. A. W. Budge, *The Book of the Dead*, London, 1898, pp. 250–51 (hieroglyphic text) and p. 191 (translation).

3 Diodorus: Original text and translation, C. H. Oldfather, *Diodorus of Sicily*, Loeb Classical Library, London, 1968.

4 Plutarch: J. G. Griffiths, *Plutarch's De Iside et Osiride*, University of Wales Press, 1970.

5 Strabo: H. L. Jones, *The Geography of Strabo*, Loeb Classical Library, London, 1959.

6 Socle Béhague: A. Klasens, *A Magical Statue Base (Socle Béhague) in the Museum of Antiquities, Leiden*, Leiden, 1952.

7 Amenemhet: Gardiner in *Zeitschrift für ägyptische Sprache* 47, 1910, p. 92, pl. I.

8 Papyrus Leiden 371: A. H. Gardiner & K. Sethe, *Egyptian Letters to the Dead*, London, 1928, reprinted 1975.

9 Hekanakhte: T. G. H. James, *The Hekanakhte Papers and other Early Middle Kingdom Documents*, New York, 1962.

10 Papyrus Bibliothèque Nationale 198, II: J. Černý, *Late Ramesside Letters*, Bibliotheca Aegyptiaca IX, Brussels, 1939.

11 Papyrus Nestanebtasheru: see *Journal of the American Research Center in Egypt* 6, 1967, p. 99, n. 22.

12 Papyrus Carlsberg XIII: A. Volten, *Demotische Traumdeutung*, Copenhagen, 1942.

13 Curse: Spiegelberg in *Recueil de travaux relatifs à la philologie et à l'archéologie égyptienne et assyrienne* 25, 1903, p. 192.

14 Papyrus Lansing: A. H. Gardiner, *Late Egyptian Miscellanies*, Bibliotheca Aegyptiaca VII, Brussels, 1937; translation R. A. Caminos, *Late Egyptian Miscellanies*, London, 1954.

15 Tomb of Ti: W. Steindorff, *Das Grab des Ti*, Leipzig, 1913 (pl. 110).

16 For the different words to describe sexual intercourse, cf. A. Erman & H. Grapow, *Wörterbuch der ägyptischen Sprache* under the following: I. 9 *ꜣpd* 'begatten'; I. 291 *wbꜣ* 'entjungfern'; I. 359 *wsn* 'begatten'; I. 459 *bnbn* 'als eine sexuelle Betätigung'; I. 497 *pꜣj* 'begatten, bespringen'; II. 81 *mnmn* 'begatten'; II. 284 *nhp* 'bespringen, begatten'; II. 345 *nk* 'den Beischlaf vollziehen'; II. 346 *nkjkj* 'den Leib der Frau befruchten?'; II. 381 *nḏmnḏm* 'eine Frau beschlafen'; II. 446 *rḫ* 'kennen'; III. 364 *ḫꜥ* '(eine Frau) schänden'; III. 451 *smꜣ* 'begatten'; IV. 207 *shbj* '(eine Jungfrau) schänden'; IV. 347 *stj* 'Same ergiessen, begatten'; IV. 380 *sḏꜣm* 'sich geschlechtlich abgeben mit einer Frau'; IV. 391 *sḏr* 'schlafen (von Beischlaf)'; V. 419 *dꜣdꜣ* 'eine unzuchtige sexuelle Betätigung'; V. 458 *dmḏ* 'sich geschlechtlich abgeben mit einer Frau'.

17 Papyrus Chester Beatty I: A. H. Gardiner, *The Chester Beatty Papyrus No. I*, London, 1931.

18 Papyrus Kahun VI: F. L. Griffith (ed.), *Hieratic Papyri from Kahun and Gurob*, London, 1898, pl. 3, VI, 12, 28 ff., cf. J. G. Griffiths, *The Conflict of Horus and Seth from Egyptian and Classical Sources*, Liverpool, 1960, p. 42.

19 Papyrus Jumilhac III: J. Vandier, *Le Papyrus Jumilhac*, Paris, 1961.

20 Papyrus Chester Beatty: *op. cit.*

21 ibid.

22 Papyrus Jumilhac: *op. cit.*

23 Papyrus Chester Beatty: *op. cit.*

24 ibid.

25 Papyrus Kahun: *op. cit.*

26 Louvre C 286: Moret in *Bulletin de l'Institut français d'archéologie orientale*

30, 1930, pp. 725–50, cf. Desroches-Noblecourt ibid. 53, 1953, p. 19, n. 1.

27 Papyrus Louvre 3079: Spiegelberg in *Zeitschrift fur ägyptische Sprache* 53, 1917, pp. 94ff.

28 Urkunden IV: K. Sethe, *Urkunden der 18. Dynastie, historische-biografische Urkunden*, Leipzig, 1906–9.

29 Diodorus: cf. note 3.

30 Papyrus Westcar: A. Erman, *Die Märchen des Papyrus Westcar*, Berlin, 1890.

31 Papyrus d'Orbiney: A. H. Gardiner, *Late Egyptian Stories*, Bibliotheca Aegyptiaca I, Brussels, 1932, reprinted 1973, pp. 9–29; translated by M. Lichtheim, *Ancient Egyptian Literature* II, Berkeley, Los Angeles, London, 1976, pp. 203–11.

32 Papyrus Cairo 30646: F. L. Griffith, *Stories of the High Priests of Memphis* I, Oxford, 1900; more recent translation by Lichtheim, *op. cit.* III, 1980, pp. 125–38.

33 Papyrus Berlin 3024: A. H. Gardiner, *Literarische Texte des Mittleren Reiches* II, Leipzig, 1909.

34 Papyrus BM 10682: A. H. Gardiner, *Hieratic Papyri in the British Museum*, Third Series I–II, London, 1935.

35 Papyrus Westcar: cf. note 30, and L. Manniche, *How Djadja-em-ankh Saved the Day*, New York, 1976.

36 Papyrus Louvre E 25351: Posener in *Revue d'Égyptologie* 11, 1957, pp. 119–37.

37 Papyrus Chester Beatty: cf. note 17.

38 For 'The beginning of the sweet verses' cf. also Iversen in *Journal of Egyptian Archaeology* 65, 1979, pp. 78–85.

39 Papyrus Chester Beatty I, *op. cit.*

40 Papyrus Turin 1966: G. Maspero, *Les chants d'amour du Papyrus de Turin et du Papyrus Harris No. 500*, Études égyptiennes I, Paris, 1883, pp. 217ff.

41 Papyrus Harris 500: cf. n. 40 and E. A. W. Budge, *Facsimile of Egyptian Hieratic Papyri in the British Museum*, London, 1923.

42 Cairo 25218 and IFAO 1266: G. Posener, *Catalogue des ostrakas hiératiques litteraires de Deir el Médineh* II, fasc. 3, Cairo, 1972, pp. 43–44, pls. 75–79a.

43 Papyrus Harris 500: *op. cit.*

44 ibid.

45 IFAO 1266 + Cairo 25218, 18–21: *op. cit.*

46 Papyrus Anakreon: K. Preisendanz, *Anacreon. Carmina Anacreotea*, Leipzig, 1912, pp. 19ff.

47 Papyrus Harris 500: *op. cit.*

48 ibid.

49 ibid.

50 ibid.

51 ibid.

52 ibid.

53 Papyrus Chester Beatty IV: A. H. Gardiner, *Hieratic Papyri in the British Museum*, Third Series I–II, London, 1935.

54 Wisdom of Ptahhotpe: Z. Zaba, *Les Maximes de Ptaḥḥotep*, Prague, 1956.

55 Wisdom of Ani: E. Suys, *La sagesse d'Ani: Texte, traduction et commentaire*, Analecta Orientalia II, Rome, 1935.

56 Wisdom of Ankhsheshonk: S. R. K. Glanville, *Catalogue of Demotic Papyri in the British Museum* II, London, 1955, cf. Lichtheim, *op. cit.*, III, pp. 164ff.

57 Papyrus Insinger: F. Lexa, *Papyrus Insinger: Les enseignements moraux d'un scribe égyptien du premier siècle après J.-C. Texte démotique avec transcription, traduction française, commentaire, vocabulaire et introduction grammaticale et litéraire* I–II, Paris, 1926. Cf. also Lichtheim, *op. cit.*, III, pp. 184ff.

58 Papyrus Tanis: Montet in *Kêmi* 11, 1950, pp. 104–5, 112–3, 116. Edfu text: E. Chassinat, *Le temple d'Edfou* I, Cairo, 1897 (p. 330).

59 Papyrus Sallier IV: E. A. W. Budge, *Facsimile of Egyptian Hieratic Papyri in the British Museum*, London, 1923.

60 Papyrus Chester Beatty III: A. H. Gardiner, *Hieratic Papyri in the British Museum*, Third Series I–II, London, 1935.

61 Papyrus Carlsberg XIII: cf. n. 12.

62 Papyrus Ramesseum V: H. von Deines, H. Grapow & W. Westendorf, *Grundriss der Medizin der alten Ägypter*, Berlin, 1958.

63 Papyrus Chester Beatty X: A. H. Gardiner, *Hieratic Papyri in the British Museum*, Third Series I–II, London, 1935.

64 Papyrus BM 10070 and Papyrus Leiden J. 383: F. Lexa, *La magie dans l'Egypte antique* II, Paris, 1925, pp. 139 and 142.

65 Papyrus Ebers: H. von Deines, H. Grapow & W. Westendorf, *Grundriss der Medizin der alten Ägypter*, Berlin, 1958.

66 Pyramid Texts: K. Sethe, *Die altägyptischen Pyramidentexte*, Leipzig, 1909–22.

67 Coffin Texts: R. O. Faulkner, *The Ancient Egyptian Coffin Texts*, Warminster, 1973–8.

68 Urkunden V: H. Grapow, *Religiöse Urkunden* I–III, Leipzig, 1915–7.

69 Papyrus Jumilhac: Vandier in *Revue d'Égyptologie* 9, 1952, pp. 121–3.
70 Erotic cartoon: J. A. Omlin, *Der Papyrus 55001 und seine satirisch-erotischen Zeichnungen und Inschriften*, Turin, 1973.

一般的な参考文献

Leca, A.-P., *La médicine égyptienne aux temps des pharaons*, Paris, 1971, ch. XXIX.
Manniche, L., 'Some Aspects of Ancient Egyptian Sexual Life', *Acta Orientalia* 38, 1977, pp. 11–23.
de Rachewiltz, B., *Black Eros*, London, 1964.
Störk, L., 'Erotik', *Lexikon der Ägyptologie* II, Wiesbaden, 1975, cols. 4–11.

Love poems

Hermann, A., *Altägyptische Liebesdichtung*, Wiesbaden, 1959.
Müller, W. M. *Die Liebespoesie der alten Ägypter*, Leipzig, 1899.
Schott, S., *Altägyptische Liebeslieder*, Zürich, 1950.

Erotic symbolism

Derchain, P., 'La perruque et le cristal', *Studien zur altägyptischen Kultur* 2, 1975, pp. 55–74.
'Le lotus, le mandragore et le perséa', *Chronique d'Égypte* 50, 1975, pp. 65–86.
'Symbols and Metaphors in Literature and Representatives of Private Life', *Royal Anthropological Institute News*, August 1976, No. 15, pp. 7–10.
Desroches-Noblecourt, C., 'Poissons, tabous et transformations du mort', *Kêmi* 13, 1954, pp. 33–42.
Westendorf, W., 'Bemerkungen zur "Kammer der Wiedergeburt" im Tutankhamun-grab', *Zeitschrift fur ägyptische Sprache* 94, 1967, pp. 139–50.

訳 者

酒井傳六（さかい でんろく）

1921年，新潟県に生まれる．東京外国語学校仏語部卒業．1955-57年，朝日新聞特派員としてエジプトに滞在．その後は日本オリエント学会会員として古代エジプトの研究と著述に従事．1991年 8 月 17 日逝去．著書に，『ピラミッド』，『謎の民ヒクソス』，『古代エジプト動物記』，『ウォーリス・バッジ伝』，他が，訳書に，ノイバート『王家の谷』，ロエール『ピラミッドの謎』，コットレル『古代エジプト人』，スペンサー『死の考古学』，コクロー『ナポレオン発掘記』，ルージェ『古代の船と航海』，メンデルスゾーン『ピラミッドを探る』，マニケ『古代エジプトの性』（本書），アイヴィミ『太陽と巨石の考古学』（以上，いずれも法政大学出版局刊）などがある．

古代エジプトの性

1990年 2 月20日　　初版第 1 刷発行
2009年 7 月10日　新装版第 1 刷発行

著 者　リーセ・マニケ
訳 者　酒井傳六

発行所　財団法人 法政大学出版局
〒102-0073 東京都千代田区九段北3-2-7
電話03（5214）5540／振替00160-6-95814

組版・印刷：三和印刷，製本：誠製本

ISBN 978-4-588-35404-5
Printed in Japan